En finir avec les idées fausses sur les fonctionnaires et la fonction publique

ISBN : 978-2-7082-4285-2

www.editionsatelier.com
www.twitter.com/ateliereditions
facebook.com/editionsatelier

Bernadette Groison

En finir avec les idées fausses sur les fonctionnaires et la fonction publique

LES EDITIONS DE L'ATELIER
51-55, rue Hoche
94200 Ivry-sur-Seine

F.S.U.

Remerciements aux coordinateurs de cet ouvrage :
Anne Féray, Bruno Lévéder, Gérard Aschieri.

Sommaire

Introduction

À l'heure où le « fonctionnaire *bashing* » semble à la mode et où il est de bon ton de croire, ou feindre de croire, que la fonction publique coûte trop cher pour si peu d'efficacité, il devenait urgent de rétablir quelques vérités, sans complaisance, sans masquer les réalités. Car si l'on tient à la fonction publique, il faut savoir l'expliquer telle qu'elle est, et savoir parler des fonctionnaires tels qu'ils sont.

Et d'ailleurs, qu'est-ce qu'un fonctionnaire ? Peut-il y avoir des agents précaires ? Comment et combien sont-ils payés ? Où travaillent-ils ? Comment sont-ils recrutés ? C'est pour répondre à ces questions que nous avons décidé de réaliser cet ouvrage.

Mais c'est aussi parce que la FSU est très attachée à la fonction publique. Quatre convictions expliquent cet attachement : la défense de l'intérêt général, essentielle à notre époque ; l'accès des usagers aux droits mais aussi l'effectivité de ces droits, qui sont une nécessité ; la lutte contre les inégalités – qu'elles soient sociales ou territoriales – un combat majeur, et la cohésion sociale le défi de notre temps. Ces enjeux motivent ce livre comme une réponse argumentée aux campagnes de dénigrement des fonctionnaires. Car aujourd'hui, c'est grâce aux 5,3 millions d'agents de la fonction publique que sont rendus les services dont les usagers ont besoin, dans des conditions parfois difficiles.

En 2008, tous les observateurs ont souligné qu'en France, si l'impact social de la crise avait été moins fort, c'est parce que nous avions des services publics développés. Cette remarque semble un peu oubliée aujourd'hui ! Beaucoup cherchent au contraire à esquiver leurs propres responsabilités dans la crise en essayant de convaincre qu'il faut réduire encore et toujours la dépense publique et donc le nombre de fonctionnaires et le nombre de services. Nous sommes passés ainsi, en quelques années, d'une crise due à la spéculation effrénée et à la financiarisation de l'économie à une crise de la dépense publique... La Révision générale des politiques publiques (RGPP) qui déjà en 2007 promouvait une conception réductrice du rôle et du périmètre de l'État est devenue ensuite un faux argument face à la crise pour réduire la dette... Et si cette page a été tournée, il n'en subsiste pas moins beaucoup d'idées reçues confortées par l'idéologie qui sous-tend la politique d'austérité menée aujourd'hui.

Pourtant défendre à tous crins la réduction des dépenses publiques et donc réduire le nombre de fonctionnaires et les budgets des administrations, c'est se résoudre à avoir moins de services sur l'ensemble du territoire : moins d'écoles, moins d'hôpitaux, moins de structures d'accueil pour la petite enfance ou pour les personnes âgées, mais aussi moins d'infrastructures, moins de contrôles sanitaires... Et tous ces « moins » se transforment très vite en une baisse de qualité des services rendus. Ce livre se veut donc un avertissement sur les conséquences de cet appauvrissement de la fonction publique.

La fonction publique est là pour répondre aux besoins de la population, elle doit aussi assurer les contrôles nécessaires de légalité, de sécurité. Pour certains, ils sont des freins au développement, ou des abus de bureaucrates. Mais s'ils permettaient tout simplement de vivre ensemble sans crainte des risques sanitaires, environnementaux, ou des abus de groupe de pression quels qu'ils soient ?

Décidément, le service public c'est bien plus et bien mieux que de la technocratie !

Mais au fait, services publics, fonction publique, n'est-ce pas un peu la même chose ? Certes, dans notre pays, et c'est une chance, le service public recouvre de multiples secteurs. La satisfaction de besoins fondamentaux (santé, éducation, logement, transports, énergie, culture...) prime en son sein, ce qui le différencie du secteur privé et amène à une gestion bien différente. Mais les cheminots ne sont pas des fonctionnaires, pas plus que les agents d'EDF/GDF, qui aujourd'hui n'est plus une entreprise publique, ou ceux des caisses de l'Assurance maladie. Ils participent tous du secteur public, mais ils n'ont pas les mêmes missions ni le même statut. Certains travaillent pour des entreprises publiques ou ont des missions de service public, d'autres travaillent pour l'État, les collectivités territoriales ou les hôpitaux.

La crise économique, sociale mais aussi environnementale, culturelle et politique que nous traversons appelle à utiliser toutes les ressources de notre pays. Alors que nombre de défis sont à relever (élévation du niveau de qualification, réussite de tous les élèves, mutation énergétique, révolution technologique, industrialisation dans le respect du développement durable, transition écologique...) et que les évolutions démographiques de notre société entraînent de nouveaux besoins (augmentation de l'espérance de vie, vieillissement de la population...), la fonction publique, avec l'ensemble des services publics, doit pouvoir jouer tout son rôle dans la relance de l'activité du pays et dans l'anticipation et la préparation des mutations à venir. Elle peut le faire d'autant mieux qu'elle a pour objectif de répondre à l'intérêt général, dans le respect des principes d'égalité, de neutralité, d'équité et de solidarité.

La fonction publique est donc davantage un investissement qu'une charge pour la société, une chance en quelque sorte pour l'avenir, un choix de société aussi.

Non, la fonction publique n'est pas poussiéreuse ! Elle a vu passer beaucoup de réformes et cherche toujours à vivre avec son temps. L'adaptabilité est d'ailleurs un autre de ses principes. Normal, elle est au service du public ! Elle a aussi une vision prospective des services à rendre, car l'intérêt général n'est pas la somme des intérêts particuliers.

La FSU est profondément convaincue que la fonction publique est une idée moderne capable de répondre aux défis du XXIe siècle : que ce soit, par exemple, l'accès de tous à la santé, à l'alimentation, le besoin d'éducation et de formation tout au long de la vie, la lutte contre les inégalités sociales – sans laquelle il n'y a pas de société commune possible.

Elle est très attachée à l'idée de la faire évoluer pour lui permettre de remplir toujours mieux ses missions : rendre des services de qualité à tous les usagers sur l'ensemble du territoire. La FSU sait que cela est possible surtout si l'on sait s'appuyer sur l'expertise et l'engagement des agents, qu'ils travaillent dans la fonction publique de l'État, dans la fonction publique territoriale ou dans la fonction publique hospitalière.

À l'heure où il est question de réforme de l'État et de réforme territoriale, bas les masques ! Regardons la fonction publique et ses agents en face. Ils sont indispensables à notre société.

Avertissement

Les statistiques citées dans cet ouvrage sont les plus récentes accessibles en juin 2014, au moment de la rédaction de cet ouvrage. Nos lecteurs auront donc sans doute accès à des résultats actuellement en cours d'élaboration. S'agissant de l'emploi public ou des salaires, les statistiques de cet ouvrage portent généralement sur l'année 2011.

Les comparaisons internationales nécessitent des collectes auprès des États par les organismes compétents (Eurostat ou OCDE) et des corrections qui permettent la pertinence des comparaisons malgré la diversité des organisations sociales. Par exemple, dans certains pays, les enseignants sont fonctionnaires, dans d'autres non. Les emplois de la protection sociale, qui en France ne relèvent pas de la fonction publique, sont comptés dans les statistiques internationales de la fonction publique. Ces contraintes expliquent que les comparaisons se basent sur des données de 2008, ou parfois même sur des données antérieures.

Enfin, appel a été fait à des études ou rapports qui ne sont pas systématiquement renouvelés, et peuvent donc mentionner des références plus anciennes. Grâce aux services de la statistique publique et à leurs agents, ces données sont mises à la disposition de tous et permettent de conduire des recherches et d'alimenter le débat public.

PREMIÈRE PARTIE

« LES FONCTIONNAIRES SONT TROP NOMBREUX ET PAS ASSEZ EFFICACES : CE SONT DES PRIVILÉGIÉS. » IDÉES REÇUES SUR LES FONCTIONNAIRES

Sur les personnels et agents de la fonction publique

1 *« L'État emploie de plus en plus de fonctionnaires. »*

▶ **Les effectifs de l'État ont diminué ces dernières années. Ceux des deux autres versants de la fonction publique (territoriale et hospitalière) ont en revanche augmenté.**

En considérant l'évolution des effectifs de la fonction publique de l'État entre 2000 et 2011, on constate une diminution de 173 666 agents (– 0,6 % par an en moyenne et – 6,75 % sur l'ensemble de la période)[1].

Cette diminution des effectifs de l'État est la résultante, d'une part, de l'Acte II de la décentralisation[2], dont l'un des effets est le transfert de 135 000 personnels de l'État vers les collectivités territoriales, et, d'autre part, des politiques de suppression massive et brutale

---

1. DGAFP, *Rapport annuel sur l'état de la fonction publique, édition 2013*, Paris, La Documentation française, 2013.

2. Le processus de décentralisation a été engagé en 1982-1983 par les lois Deferre. En 2003 et 2004, le gouvernement d'alors fait adopter plusieurs lois sur l'organisation décentralisée de la République, sur l'autonomie financière des collectivités territoriales et le transfert de certaines des compétences de l'État à celles-ci. Cet ensemble législatif est couramment dénommé « Acte II de la décentralisation ».

d'emplois à partir de 2004 – la Révision générale des politiques publiques (RGPP)[3] étant la plus tristement célèbre avec son « non-remplacement d'un fonctionnaire sur deux partant à la retraite ». En un an, entre 2010 et 2011, les effectifs ont fondu de 2,4 %.

Pendant ce temps, entre 2000 et 2011, la population de la France a augmenté de 4,4 millions de personnes (+ 7,3 %). Les besoins en matière d'accès à la santé, à l'éducation, au logement et d'adaptation au vieillissement n'ont donc fait que croître.

La prise en compte de ces paramètres ainsi que la nécessité de créer des services publics de proximité, de répondre à l'augmentation des inscriptions dans des dispositifs sociaux[4] et d'assumer les compétences transférées par l'État vers les collectivités territoriales sans transfert équivalent de personnel[5] ont conduit sur la

---

3. Cette politique néolibérale d'analyse et de réforme de l'État de grande ampleur a été mise en œuvre par les gouvernements successifs sous la présidence de Nicolas Sarkozy (2007-2012). Elle visait à diminuer les dépenses publiques en réduisant drastiquement les effectifs de la fonction publique (par le non-remplacement d'un départ à la retraite sur deux) et le périmètre des missions de l'État. Cette politique, impulsée avec le recours à des cabinets privés de « consultants », a bouleversé l'organisation de l'État, profondément désorganisé nombre de services, affaibli ses capacités d'action sur nombre de missions, et malmené les identités professionnelles de nombre d'agents publics.

4. Par exemple, Revenu de solidarité active (RSA), Prestation de compensation du handicap (PCH), Revenu minimum d'insertion (RMI)...

5. Par exemple, la sécurité, avec le développement exponentiel des polices municipales ou de l'ingénierie publique, est depuis le retrait des DDE (directions départementales de l'équipement), suite à la

même période, entre 2000 et 2011, à une augmentation de 198 717 emplois (+ 1,8 % par an en moyenne) dans la fonction publique hospitalière et de 502 737 emplois (+ 3,0 % par an en moyenne) dans la territoriale[6].

L'effectif total des fonctionnaires a donc bien légèrement augmenté.

En outre, il convient de souligner que ces chiffres intègrent la part, en augmentation constante, des agents non titulaires, qui ne sont donc pas fonctionnaires. Au 31 décembre 2011, on estimait leur nombre, dans les trois versants de la fonction publique, à 901 549 agents, soit 16,8 % de l'effectif total. En 2000, ils n'étaient que 689 841 (soit 14,3 %). En onze ans, ce sont donc 30 % d'agents non titulaires supplémentaires qui ont été recrutés.

L'effectif de fonctionnaires de l'État, territoriaux et hospitaliers, au sens strict, n'aura augmenté que de 10 % en dix ans, la croissance démographique étant de 7,3 % sur la même période.

Réforme de l'administration territoriale de l'État (REATE), effectuée en milieu rural par les conseils généraux.

6. DGAFP, *Rapport annuel sur l'état de la fonction publique, édition 2013, op. cit.*

2 *« Il y a trop de fonctionnaires en France. »*

▶ Moins de fonctionnaires, c'est aussi moins de services rendus.

Entre 1990 et 2012, le nombre d'agents publics, tous statuts et hors emplois aidés, est passé de 4 257 700 à 5 372 600, soit une progression de l'effectif de 26,2 % sur cette période [7].

Dans le même temps, l'emploi total (salariés et non-salariés) est passé de 23 651 303 à 26 874 929 personnes en emploi, soit une progression de 13,6 % [8]. Et la population a crû de 12,5 % [9].

Une partie de plus en plus importante de la population vit plus longtemps. C'est d'une part dû à un taux de natalité parmi les plus forts d'Europe et, d'autre part, à une espérance de vie qui s'allonge.

Ces deux éléments démographiques structurants créent des besoins. Le nombre de jeunes à accueillir sur les bancs de l'école est plus important, et il faut des enseignants et d'autres personnels d'éducation (administratifs, infirmiers, assistants sociaux, tech-

---

7. Insee, http://www.insee.fr/fr/themes/document.asp?ref_id=T11F045, http://www.insee.fr/fr/themes/document.asp?ref_id=ip1496 (consultés en juin 2014).

8. Insee (série longue), http://www.insee.fr/fr/themes/tableau.asp?reg_id=99&ref_id=t_0701R (consulté en juin 2014).

9. Calcul réalisé d'après les données du recensement de l'Insee (série longue), http://www.insee.fr/fr/themes/tableau.asp?ref_id=NATnon02145 (consulté en juin 2014).

niques, CPE[10], CO-Psy[11], etc.) pour assurer la mission de service public d'éducation. Il y a aussi davantage de personnes âgées, et des demandes nouvelles apparaissent, liées notamment à la dépendance et aux problématiques de santé spécifiques qui se posent. De même, l'accroissement des inégalités, la montée du chômage et la nécessité de réduire la « fracture sociale » constituent autant de nouveaux défis impliquant une intervention publique.

La fonction publique doit pouvoir assumer de manière efficace ses missions d'intérêt général et garantir l'accès aux droits de toutes et tous. Non seulement les politiques de réduction d'effectifs ne concourent pas à la relance, mais elles fragilisent le modèle social et accroissent les inégalités sociales et territoriales. Les missions de contrôle de l'État – qu'elles soient de légalité, fiscales, sanitaires, etc. – ne sont plus correctement assumées : cela fait peser des risques sur les citoyens ou sur le pays tout entier, qu'il s'agisse du contrôle de la traçabilité alimentaire (qu'on se rappelle, par exemple, le scandale des lasagnes à la viande de cheval en 2013) ou de la lutte contre l'évasion fiscale.

Dire qu'il y a trop de fonctionnaires est donc une posture idéologique qui réduit la fonction publique et ses missions à un coût, sans se pencher sur les

---

10. Conseillers principaux d'éducation. Ils ont en charge la « vie scolaire » dans les collèges et lycées : suivi des élèves, absence, discipline...

11. Conseillers d'orientation psychologues. Affectés dans les CIO (Centres d'information et d'orientation), ils sont chargés, en liaison avec l'équipe éducative des établissements, du conseil en matière d'orientation scolaire et de projet individuel des élèves.

besoins sociaux auxquels elle répond, ni sur les besoins nouveaux qui demandent à être satisfaits (voir également l'idée fausse n° 1).

3 *« Les fonctionnaires coûtent cher aux contribuables et ne créent pas de richesses. »*

▶ Il faut mettre cette affirmation en regard de la valeur que pourrait avoir le service rendu aux usagers.

En 2011, l'État aura dépensé en moyenne annuellement, selon les prévisions disponibles, 5 870 euros pour la scolarité d'un enfant dans le premier degré, 9 660 pour un élève dans le second degré, et 11 630 pour un étudiant de l'enseignement supérieur[12].

Qui pourrait payer une telle somme pour la scolarité de ses enfants ? De la même façon, qui aurait les moyens financiers et techniques pour assurer les contrôles sanitaires nécessaires à sa propre alimentation ? Qui peut croire que la société se porterait mieux en écartant des bénéfices de ces services essentiels ceux qui ne peuvent pas en payer le prix ? Au contraire de cette logique individualiste, les services publics sont là pour garantir à tous, quels que soient leurs revenus, un accès à des biens essentiels.

---

12. Ministère de l'Éducation nationale (MEN)-Direction de l'évaluation, de la prospective et de la performance (DEPP), *Repères et références statistiques, édition 2013*, p. 351, http://cache.media.education.gouv.fr/file/2013/49/9/DEPP-RERS-2013_266499.pdf (consulté en juin 2014).

Dès lors que les fonctionnaires remplissent des missions de services publics (liées à l'éducation, la protection des populations, la solidarité, l'aide sociale, la santé, la justice, etc.) et que l'accès à ces droits est pour l'essentiel gratuit, cela n'a pas beaucoup de sens de parler de création de richesses *stricto sensu* par les fonctionnaires. En effet, quelle pourrait être la mesure économique de la valeur ajoutée de l'éducation d'un enfant, de la guérison d'un cancer, du contrôle de la qualité sanitaire de l'alimentation ? Sans compter que leur caractère préventif en matière d'effet sur la santé ou sur l'emploi génère de toute façon des économies à terme.

La richesse créée ne peut être mesurée qu'à partir de l'appréciation de la satisfaction des besoins sociaux. Cette richesse est réelle mais n'est pas quantifiable en termes de « valeur ajoutée », au sens marchand du terme. En revanche, c'est bien la satisfaction des besoins sociaux qui crée les conditions sociales de la croissance, du développement économique et du bien-vivre.

4 *« La France est le pays d'Europe qui a le nombre de fonctionnaires le plus important, rapporté au nombre d'habitants. »*

▶ La France se situe dans la moyenne haute internationale, mais dans la moyenne tout de même !

En 2008, le taux d'emploi dans les administrations publiques (au sens des statistiques internationales [13]) se

---

13. La définition, au sens de la statistique, des « administrations publiques » est ainsi formulée par l'Insee : « Ensemble des unités

situe dans la moyenne haute des pays de l'Organisation de coopération et de développement économique (OCDE) avec 90 emplois publics pour 1 000 habitants (cette statistique comprend les personnels des organismes de protection sociale qui ne sont pas fonctionnaires, ni même agents publics), au même niveau que celui du Royaume-Uni et loin derrière celui des pays nordiques compris entre 140 et 160 pour 1 000 (Finlande, Suède, Danemark, Norvège)[14].

En 2011, on compte en France 76,8 agents publics (civils et militaires) pour 1 000 habitants[15].

Toutefois, le taux d'administration, variable d'un pays à l'autre, dépend pour beaucoup de son modèle social et de la structuration de son économie, de son tissu industriel et des choix faits pour prendre en charge la satisfaction d'un certain nombre de besoins. La comparaison « brute » n'a donc pas toujours beaucoup de sens.

---

institutionnelles dont la fonction principale est de produire des services non marchands ou d'effectuer des opérations de redistribution du revenu et des richesses nationales. Elles tirent la majeure partie de leurs ressources de contributions obligatoires. Le secteur des administrations publiques comprend les administrations publiques centrales, les administrations publiques locales et les administrations de sécurité sociale », http://www.insee.fr/fr/methodes/default.asp?page=definitions/administrations-publiques.htm (consulté en juin 2014).

14. Amélie Barbier-Gauchard, Annick Guilloux, Marie-Françoise Le Guilly, *Tableau de bord de l'emploi public, situation en France et comparaison internationale*, Centre d'analyse stratégique, décembre 2010.

15. DGAFP, *Rapport annuel sur l'état de la fonction publique, édition 2013*, *op. cit.*

Qui sont les fonctionnaires ?

5,3 millions de personnes sont employées selon les dispositions du droit public. Parmi elles, les titulaires sont fonctionnaires ; près d'une sur cinq est non titulaire, employée par contrat. Il faut noter que certaines missions de service public sont assurées par des salariés qui ne relèvent pas de la fonction publique. Ainsi, par exemple, les salariés des organismes de protection sociale ne sont pas fonctionnaires. Parmi les agents de Pôle emploi, on ne compte qu'une fraction (10 % environ) de personnels de droit public, tous contractuels.

Si des dispositions essentielles sont communes à ces 5,3 millions d'agents publics, d'autres reconnaissent des spécificités, notamment selon la personne publique qui les emploie : l'État, une collectivité territoriale ou un hôpital public. La loi distingue donc les trois « versants » de la fonction publique : la fonction publique de l'État (FPE), la fonction publique territoriale (FPT) et la fonction publique hospitalière (FPH).

Parmi les fonctionnaires de l'État, on trouve les personnels des administrations centrales, des services déconcentrés et de leurs établissements publics (préfectures, administration pénitentiaire, protection judiciaire de la jeunesse, culture, emploi, etc.), les enseignants, les chercheurs, les policiers...

Parmi ceux de la fonction publique territoriale, on trouve les agents administratifs et techniques des communes, des départements et des régions ou ceux de leurs établissements publics. Ils exercent dans des filières administrative, d'animation, culturelle, sociale, médico-sociale, sportive, technique comme les agents territoriaux des établissements locaux d'enseignement, les agents spécialisés des écoles maternelles (ATSEM) ou appartiennent aux sapeurs-pompiers, à la police municipale, etc.

Parmi ceux de la fonction publique hospitalière, on recense les personnels des hôpitaux ou ceux des établissements médico-sociaux ou des établissements publics s'occupant des personnes âgées.

D'autres agents publics ne relèvent pas du statut de la fonction publique, mais leur emploi est régi par des règles très proches ; c'est par exemple le cas des militaires, des magistrats de l'ordre judiciaire, des praticiens hospitaliers ou des ouvriers d'État qui travaillent surtout au ministère de la Défense.

Enfin, pour des raisons historiques, il subsiste encore des fonctionnaires dans certaines entreprises qui sont devenues des sociétés anonymes comme La Poste ou France Télécom (devenu Orange).

5 *« Tous ceux qui travaillent dans la fonction publique ont la garantie de l'emploi. »*

▶ C'est une condition d'exécution de leurs missions. De ce fait, ils ont la garantie de l'emploi dans la grande majorité des cas.

Les fonctionnaires bénéficient d'une position statutaire et réglementaire qui leur reconnaît les mêmes droits que tous les citoyens (la liberté d'opinion, etc.). Elle leur permet de remplir leurs missions d'intérêt général en toute indépendance, sans être assujettis à des intérêts privés ou à des groupes de pression de quelque nature que ce soit. La garantie de l'emploi est une assurance pour adapter la fonction publique aux besoins sociaux de la population, dans la mesure où elle est assortie de devoirs et d'obligations de service. Ainsi un enseignant, par exemple, doit rejoindre le poste qui lui est assigné, quelle que soit la distance qui le sépare de son domicile ou de sa famille. Cette garantie de l'emploi constitue aussi un gage de bonne exécution de la loi, de permanence de la qualité du service et de protection de la puissance publique face aux phénomènes de corruption.

Celle-ci disparaît dès lors qu'est constatée par exemple une insuffisance professionnelle, à l'issue d'une procédure disciplinaire pour une faute professionnelle grave, après refus de poste sans motif valable au sortir d'un congé maladie... Et surtout, cette garantie d'emploi ne s'applique pas, loin de là, à l'ensemble des agents publics. La grande majorité des personnels non titulaires sont en CDD et connaissent la précarité de l'emploi. Certains enchaînent les contrats courts entrecoupés de périodes de chômage. D'autres perdent tout simplement leur emploi au terme de leur contrat.

Il en est de même pour les contrats aidés (voir l'encadré « Qu'est-ce qu'un contractuel ? ») qui sont recrutés dans la fonction publique et n'ont pas la garantie de passer sous un autre statut à l'issue du dispositif qui a permis de les recruter.

6 *« Les fonctionnaires sont protégés par un statut qui coûte cher au pays. »*

Au vu des comparaisons internationales, rien ne permet d'affirmer cela.

Si le statut protège effectivement les fonctionnaires en France pour leur permettre de remplir leurs missions de manière indépendante et sans subir les pressions d'intérêts privés, celui-ci n'est pas plus coûteux que le système en vigueur dans d'autres pays où les agents publics ne bénéficient pas toujours de garanties similaires. En effet, la part du produit intérieur brut

(PIB)[16] consacrée aux dépenses de rémunération publiques se situe à plus de 10 % dans la majorité des pays de l'OCDE. En 2008, la France a consacré 12,7 % du PIB pour rémunérer l'ensemble des agents publics (organismes de protection sociale, dont les salariés ne sont pas fonctionnaires, compris), un budget en diminution de 0,8 % depuis 1998. À titre de comparaison cette même année, le Portugal a affecté à cette dépense 12,9 % de son PIB, l'Espagne 10,8 %, la Suède 14,9 %, le Danemark 17,3 %, le Royaume-Uni 11 % et l'Allemagne 6,9 %[17].

Des pays comme le Danemark ou la Suède qui affectent une part importante de leur PIB aux rémunérations publiques n'ont pas été davantage touchés par la crise que la France.

Par ailleurs, pour comparer de façon pertinente le coût de la fonction publique française par rapport aux autres pays, il convient d'apprécier deux éléments : d'abord la dépense réelle par emploi public, ensuite la dépense réelle de rémunération par habitant[18]. Cette donnée n'existe que tous statuts confondus, mais compte tenu du nombre important de fonctionnaires, cette indication reste pertinente.

---

16. Indicateur économique, le PIB vise à quantifier, pour un pays et une année donnés, la valeur totale de la *« production de richesse »* effectuée par les agents économiques résidant à l'intérieur de ce territoire (ménages, entreprises, administrations publiques).

17. Amélie Barbier-Gauchard, Annick Guilloux, Marie-Françoise Le Guilly, *Tableau de bord de l'emploi public, situation en France et comparaison internationale*, *op. cit.*

18. *Ibid.*

Entre 1993 et 2008, la France, le Royaume-Uni, l'Allemagne ont une dépense réelle de rémunération publique par emploi public, appréciée en parité de pouvoir d'achat, sensiblement similaire. L'Espagne, l'Autriche, le Luxembourg, l'Italie, la Belgique ou les Pays-Bas, par exemple, montrent des dépenses par emploi public supérieures. Celles des pays nordiques et du Portugal sont inférieures.

Concernant la dépense de rémunération publique par habitant, la France se situe dans une position proche de celle du Royaume-Uni et de la Belgique, derrière les pays nordiques, le Luxembourg ou même, si l'on sort de l'Union européenne, des États-Unis ou du Canada, ce dernier pays ayant un taux d'administration [19] proche de celui de la France, et même légèrement supérieur.

7 *« Avoir la sécurité de l'emploi à vie dans la même fonction entraîne de la démotivation et aboutit à un travail inefficace. »*

▶ Les salariés travaillent moins efficacement lorsqu'ils sont sous la menace permanente du chômage.

Faudrait-il renoncer définitivement au statut garantissant l'emploi et au contrat à durée indéterminée dans le privé ? La précarité décuplerait-elle la motivation des salariés ? C'est en réalité le contraire qui se produit.

---

19. Le « taux d'administration » correspond au rapport entre nombre de fonctionnaires et nombre d'habitants.

Comment, même avec la meilleure volonté, s'engager efficacement dans un projet, s'investir dans une mission, travailler en équipe lorsque l'on est précaire, que son avenir est menacé ou que l'on n'a aucune assurance sur le maintien de son emploi ? Il ne faut pas oublier que l'action publique doit assurer une égalité de traitement de tous les usagers sur tout le territoire. La sécurité matérielle des salariés est ainsi indispensable au bon fonctionnement du service public. L'action publique a aussi besoin de continuité, et nécessite un investissement dans la durée. Tout cela justifie et explique certains aspects du statut des fonctionnaires comme la séparation du grade et de l'emploi[20] ainsi que la garantie de l'emploi.

Ces garanties comportent des contreparties, notamment l'obligation faite à tout fonctionnaire de rejoindre le poste sur lequel il est affecté, là où existent des besoins, en fonction de l'« intérêt du service ». Le statut est aussi une protection efficace contre la corruption dont on voit les ravages dans les pays où les conditions de rémunération et de travail des fonctionnaires sont très précarisées.

---

20. Le fonctionnaire est réputé « propriétaire de son grade ». L'employeur peut supprimer l'emploi, mais il a alors l'obligation de réaffecter le fonctionnaire sur un autre emploi, correspondant à son grade. Le fonctionnaire doit rejoindre le nouveau poste, même s'il ne l'a pas souhaité. Ce principe d'indépendance est caractéristique du système de la carrière (introduit pour la fonction militaire par la loi sur l'état des officiers de 1834). *Cf.* Anicet Le Pors, « Pourquoi trois fonctions publiques ? », 4 mai 2009, http://anicetlepors.blog.lemonde.fr/2009/05/04/pourquoi-trois-fonctions-publiques (consulté en juin 2014).

N'oublions pas que la fonction publique et les services publics fonctionnent d'abord grâce à l'engagement de leurs agents. Leur motivation passe donc heureusement par d'autres facteurs que la peur de perdre leur emploi : satisfaction des usagers, dynamique du travail collectif, formation, etc. Et si, plutôt qu'une politique à courte vue maniant tantôt la carotte et tantôt le bâton, on s'appuyait à la fois sur le sens du service public qui anime la masse des agents et sur le désir qu'ils ont, comme la plupart des salariés, de bien faire leur travail ?

8 *« Les fonctionnaires ne se rendent pas compte de la précarité et de l'insécurité de la situation des salariés du privé. »*

▶ Les fonctionnaires ne sont pas hors du monde.

Ils vivent dans la société, ils ont une famille, un conjoint, des enfants, des amis, des voisins qui travaillent dans le privé ou sont en quête d'emploi. À ce titre, ils touchent du doigt les conséquences du chômage, de la pauvreté, y compris parce que bien souvent ces phénomènes frappent leurs enfants.

D'autre part, nombre d'entre eux sont, dans l'exercice même de leur métier, au contact des usagers et, dans la période actuelle, confrontés aux conséquences de la crise et de l'exclusion. Que l'on songe aux agents de Pôle emploi qui, tous les jours, accompagnent les demandeurs d'emploi, aux personnels des services sociaux, des hôpitaux, de l'éducation qui sont en première ligne face aux difficultés sociales : comment ignorer cette réalité qui éclate à la figure quand on enseigne dans certains quartiers populaires, lorsque l'on parle avec les parents, lorsque l'on est chargé de l'accueil dans les services des mairies, que l'on est éducateur de rue ou agent de probation dans les services pénitentiaires ?

Enfin, n'oublions pas que la majorité du million d'agents non titulaires sont eux-mêmes précaires. Selon les différents versants de la fonction publique, ces agents représentent en moyenne 14 à 20 % des effectifs. Aucun de leurs collègues ne peut ignorer cette réalité, comme celle des agents qui ont des bas salaires : 20 % des agents de la fonction publique sont au niveau du SMIC[21].

9 *« Avoir son salaire gelé le temps que la crise passe, c'est acceptable pour un fonctionnaire parce que son emploi est garanti. »*

► **C'est surtout injuste pour les fonctionnaires et inefficace pour l'économie.**

Depuis juillet 2010, la valeur du point d'indice qui sert de référence pour le traitement des cinq millions d'agents de la fonction publique (voir l'encadré « Le salaire des fonctionnaires ») est gelée, du fait du refus des gouvernements successifs de l'augmenter, ne serait-

---

21. Communiqué du Conseil des ministres du 11 janvier 2012, http://archives.gouvernement.fr/fillon_version2/gouvernement/relevement-du-minimum-de-traitement-dans-la-fonctionpublique.html (consulté en juin 2014).

ce que pour suivre l'inflation. Le gouvernement envisage de poursuivre ce gel jusqu'en 2017.

Fondamentalement, la politique salariale conduite dans la fonction publique depuis 2000 et fondée sur une revalorisation tantôt limitée tantôt nulle de la valeur du point d'indice est inacceptable parce qu'elle est inefficace économiquement et parce que les revenus salariaux des fonctionnaires ne sont ni élevés ni homogènes (voir l'idée fausse n° 10). En effet, son application atrophie le dynamisme économique du pays en comprimant la consommation des ménages qui dépensent les revenus de leur travail pour satisfaire leurs besoins élémentaires (se nourrir, se loger, s'habiller, se déplacer, aller travailler...) ou pour leur vie sociale ou familiale. Cette réduction des dépenses des ménages touche aussi l'accès à la culture, aux loisirs, aux vacances hors de son domicile.

Il faut aussi souligner que les politiques de rémunération dans la fonction publique ont abouti à une perte de deux mois de salaire par an de 2000 à 2014[22]. Cela signifie par exemple qu'un enseignant qui a dix ans d'ancienneté en 2014 a un pouvoir d'achat équivalent à dix mois du salaire de l'année 2000 d'un enseignant qui avait alors dix ans d'ancienneté.

Le recul du pouvoir d'achat des fonctionnaires est tel qu'on en arrive à ce que le traitement minimum dans la fonction publique doive régulièrement être relevé, sauf à passer en dessous du SMIC – un comble pour l'État

---

22. Calculs effectués par la FSU à partir de l'indice Insee des prix à la consommation hors tabac : les traitements nets ont perdu environ 16 %, soit un sixième, de leur pouvoir d'achat.

employeur ! Cette politique aboutit également à ce que les métiers qualifiés, dont la fonction publique a besoin, ne soient plus attractifs.

Par ailleurs, la politique de réduction du salaire censée favoriser l'emploi est injuste économiquement mais aussi contre-productive : pour la fonction publique, d'une part, dont les emplois doivent correspondre aux besoins, et pour la société, d'autre part, qui mise sur des services de qualité et des agents qualifiés et reconnus pour les faire fonctionner. En fait, le discours tenu depuis 2010 promettant la reprise économique et des emplois en échange du gel des salaires ne tient pas ses promesses. C'est l'inverse qui se produit : hausse du chômage et croissance en berne.

Finalement, l'austérité risque fort d'aggraver la crise en pénalisant particulièrement les plus pauvres, ceux dont la seule richesse est l'accès aux services publics et le droit à la protection sociale. C'est pour cela qu'un terme doit être mis à cette politique et au gel de la valeur du point d'indice.

Le salaire des fonctionnaires

Le salaire d'un fonctionnaire se compose, d'une part, du traitement indiciaire et, d'autre part, de primes (sur ce point voir l'encadré « Des primes très variables »).

Le traitement indiciaire est le résultat de la multiplication du nombre de points d'indice par la valeur du point d'indice, fixée par le gouvernement. Le nombre de points est déterminé par l'échelon du fonctionnaire dans son corps ou cadre d'emplois, résultant de sa carrière. Les corps et cadres sont classés au sein de trois catégories, en fonction de la qualification requise pour y être recruté : A (Bac + 3), B (Bac) et C[23]. La « grille » crée de la cohérence et de la solidarité entre les agents, assure la transparence des rémunérations.

Mais, du fait de la progression du SMIC plus rapide que celle du point d'indice, le gouvernement est contraint de relever fréquemment le bas de la grille. Cela s'est produit dix-sept fois depuis 1998. Il en résulte un important tassement de la grille. Ce qui explique que les organisations syndicales de la fonction publique revendiquent la « reconstruction de la grille ».

10 *« Il vaut mieux être fonctionnaire que smicard dans le privé. »*

▶ Opposer les salariés selon leur secteur d'activité ne vise qu'à réduire les droits des uns et des autres.

La précarité des salaires n'épargne pas la fonction publique. L'augmentation du SMIC concerne 11,1 % des salariés du secteur privé et 20 % de ceux de la fonction publique[24]. Il y a donc une plus grande proportion de smicards dans la fonction publique que dans le secteur privé. Et c'est le cas d'un nombre important de non-titulaires, précaires à la fois en raison de la faiblesse

---

23. La catégorie A correspond globalement aux cadres de la fonction publique (les enseignants en font partie), la B aux professions intermédiaires et la C aux ouvriers et employés.

24. « Les bénéficiaires de la revalorisation du SMIC au premier décembre 2011 », *DARES Analyses*, n° 65, 2012 ; *Enquête trimestrielle sur l'activité et les conditions d'emploi de la main-d'œuvre* (Acemo) réalisée par la Direction de l'animation de la recherche, des études et des statistiques (DARES) ; Communiqué du Conseil des ministres du 11 janvier 2012, *op. cit.*

de leurs revenus, de temps incomplets non choisis, de contrats courts.

La proportion des CDD est du même ordre de grandeur (16 %) dans le privé et dans la fonction publique[25]. La comparaison des salaires pratiqués dans les deux secteurs n'est pas non plus favorable à la fonction publique.

Il faut bien sûr, pour que cette comparaison soit valable, tenir compte des particularités liées aux différents versants de la fonction publique – de l'État, hospitalière, territoriale (voir l'encadré « Qui sont les fonctionnaires ? »).

Le salaire médian, en dessous duquel se situent 50 % des salariés, est plus élevé dans la fonction publique de l'État (2 236 euros mensuels nets en 2011[26]) – où plus de la moitié des personnels sont enseignants ou cadres – et dans la fonction publique hospitalière (1 883 euros) – qui compte notamment les praticiens hospitaliers – que dans le secteur privé (1 712,50 euros[27]). En revanche, ce salaire médian est plus faible dans la fonction publique territoriale (1 636 euros)[28].

Mais si l'on compare à catégorie socioprofessionnelle équivalente, le secteur public propose des salaires plus élevés pour les catégories les moins diplômées (du moins pour les personnels qui bénéficient d'une progression

25. 16,8 % de non-titulaires dans la fonction publique en 2011 (*cf.* DGAFP, *Rapport annuel sur l'état de la fonction publique, édition 2013*, *op. cit.*).

26. DGAFP, *Rapport annuel sur l'état de la fonction publique, édition 2013*, *op. cit.*

27. Insee, *France, portrait social*, 2013.

28. DGAFP, *Rapport annuel sur l'état de la fonction publique, édition 2013*, *op. cit.*

au cours de leur carrière), mais nettement moins avantageux pour les catégories qualifiées. Par exemple, en 2011, le salaire net moyen d'un cadre de la fonction publique[29] s'est élevé à 3 583 euros et celui d'un cadre du secteur privé à 3 988 euros[30]. Ce constat est particulièrement flagrant pour les enseignants : au début de leur carrière, ils sont rémunérés à la hauteur de 1,12 SMIC soit, à niveau de diplôme égal, deux fois moins qu'un ingénieur qui entre dans le privé.

Cet écart de rémunération des cadres explique le trop faible nombre de candidats à certains concours. De ce fait, tous les postes ne sont pas pourvus. C'est particulièrement criant pour le recrutement des enseignants. En 2013, 1 900 postes sont restés vacants dans le second degré (collèges, lycées) et près de 300 pour les concours de professeur des écoles, dans les académies de Créteil, Versailles et Paris. Les difficultés du métier et la faiblesse des rémunérations font que les étudiants s'en détournent et préfèrent se diriger vers le secteur privé.

Qu'est-ce qu'un contractuel ?

Le terme de contractuel désigne tout agent public qui n'est pas titulaire. À côté de la grande masse des agents contractuels soumis à une grande précarité, il existe des situations spécifiques peu nombreuses dans lesquelles l'administration a fait le choix de recruter un ou une contractuel(le) pour lui verser une rémunération plus attractive que celle des fonctionnaires. Il y a aussi des établissements publics qui ont obtenu le droit d'employer régulièrement des contractuels en raison d'une décision

29. Hors enseignants.
30. DGAFP, *Rapport annuel sur l'état de la fonction publique, édition 2013*, *op. cit.*

politique comme, par exemple, l'Agence nationale de la recherche, les agences de l'eau, certains musées, les CROUS (centres régionaux des œuvres universitaires et scolaires) ; dans ce cas, une évolution de la carrière est possible. Ces cas particuliers ne sont pas les plus nombreux. Le plus souvent, les contractuels de la fonction publique se voient reconnaître bien peu de droits : ils sont employés pour effectuer un travail indispensable au fonctionnement de l'administration et des services. On les compare parfois aux soutiers : invisibles du public, ils assurent un travail indispensable à la progression du navire. Leur situation est similaire aux salariés en intérim, employés lorsque l'on a besoin d'eux et jetés à la fin de la mission. Dans la fonction publique, leur rémunération est généralement en deçà de celles des titulaires, les temps incomplets sont très fréquents[31] et il n'y a pas de prime de précarité.

Les établissements publics, les collectivités territoriales emploient aussi plusieurs dizaines de milliers de personnes en « contrats aidés », c'est-à-dire recrutées sur la base d'un contrat unique d'insertion (CUI). Ils étaient environ 140 000 fin 2011, accomplissant eux aussi des missions indispensables pour le service public et subissant une forte précarité du fait de la durée de leur contrat, en règle générale de deux ans maximum, et de la faiblesse d'une rémunération versée pour un temps incomplet. Les obligations faites à l'employeur d'accompagner un salarié en période d'insertion sont parfois bien peu respectées. On peut constater, au regard de ce panorama, que le recours aux contractuels dépasse très largement les besoins générés par des situations exceptionnelles. Au lieu d'être ponctuel, ce type d'embauche est devenu structurel, ce qui pose un grave problème social.

31. Dans la fonction publique de l'État, 11,8 % des titulaires exercent à temps partiel contre 36,2 % des non-titulaires. Pour la fonction publique territoriale, ces chiffres sont respectivement de 16,4 % et 44,9 % et, dans la fonction publique hospitalière, de 21,3 % et de 25,1 % (*cf.* DGAFP, *Rapport annuel sur l'état de la fonction publique, édition 2013*, *op. cit.*).

11 « Travailler dans la fonction publique permet d'échapper à la pauvreté. »

▶ **Toute personne qui travaille devrait être à l'abri de la pauvreté ! Malheureusement le phénomène des travailleurs pauvres se rencontre aussi dans la fonction publique.**

Dans la fonction publique territoriale, une partie des personnels titulaires peut être à temps non complet, c'est-à-dire à temps « partiel » sans l'avoir choisi. C'était le cas de 13 % des agents en 2007, souvent dans les filières les plus féminisées (culture, administration, social, animation). Dans cette situation, la rémunération perçue est le plus souvent proche du seuil de pauvreté [32]. En effet, le salaire mensuel net perçu par les employés et ouvriers de la fonction publique territoriale est de 1 609 euros en 2011 [33]. Les agents à temps non complet sont fréquemment à mi-temps, donc avec un salaire proche de 800 euros, le seuil de pauvreté monétaire se situant en 2011 à 977 euros [34].

Parmi les agents non titulaires, deux facteurs se conjuguent : les périodes de chômage entre deux contrats et les temps partiels subis. La rémunération est, à l'arrivée, trop faible pour prémunir de la pauvreté

---

32. « La précarité dans la fonction publique territoriale », rapport présenté à la séance du 16 mars 2011 du Conseil supérieur de la fonction publique territoriale.

33. Pour un temps plein (*cf.* DGAFP, *Rapport annuel sur l'état de la fonction publique, éditions 2013, op. cit.*).

34. Seuil de pauvreté monétaire à 60 % du revenu médian, déterminé par l'Insee. Le seuil de pauvreté à 50 % du revenu médian se situait à 814 euros.

une personne seule ou un ménage monoparental. Pour une personne contractuelle, embauchée pour des fonctions administratives, fréquemment employée à 70 %[35], le salaire mensuel net sera d'environ 800 euros par mois.

Enfin, des dizaines de milliers de personnes en contrat d'insertion sont employées par les ministères, notamment celui de l'Éducation nationale, par les collectivités ou les établissements hospitaliers : SMIC horaire et temps incomplets (maximum de 20 heures hebdomadaires pour un contrat unique d'insertion [CUI], voir l'encadré « Qu'est-ce qu'un contractuel ? ») conduisent à une situation de pauvreté. Pour ces personnes, la précarité des contrats limités dans leur durée s'ajoute à la faiblesse des revenus.

12 *« Les fonctionnaires titulaires ne se préoccupent pas du sort des contractuels dont le statut est souvent très précaire. »*

▶ La résorption de la précarité est un sujet de négociation récurrent porté par tous.

Les contractuels sont d'abord des collègues de travail, que les fonctionnaires titulaires côtoient quotidiennement. Au moment où le contrat prend fin, la précarité du

35. Un emploi permanent doit être occupé par un fonctionnaire. En vertu de ce principe, il n'est possible d'embaucher des contractuels pour occuper un emploi permanent de catégorie B ou C que si la quotité ne dépasse pas 70 % pour la fonction publique de l'État et 50 % pour la fonction publique territoriale et la fonction publique hospitalière. Pour éviter de recruter des fonctionnaires, les employeurs publics multiplient ce genre de contrats à temps non complets.

contractuel choque d'autant plus si son emploi disparaît ou reste non pourvu. C'est ce qui explique des mobilisations dans un service ou un établissement pour exiger le réemploi de la personne contractuelle.

Toutefois, au-delà de ce qu'il constate dans son propre environnement de travail, il est souvent difficile pour un fonctionnaire titulaire d'appréhender l'ampleur de la précarité dans la fonction publique. Ainsi, le récent bilan social du ministère de l'Enseignement supérieur et de la Recherche[36], évaluant à plus d'un tiers des personnels la part des non-titulaires dans les universités, a surpris jusqu'aux organisations syndicales qui ne disposaient pas jusque-là de chiffre global.

La situation des contractuels est une préoccupation constante des organisations syndicales, qui interviennent régulièrement sur ces dossiers, en organisant des rassemblements auxquels des titulaires aussi prennent part, en interpellant les pouvoirs publics, en faisant connaître les situations vécues jugées inacceptables comme les retards de paiement, ou de versement des allocations pour perte d'emploi. Les mesures imposées au gouvernement par les luttes syndicales se succèdent, permettant la titularisation de milliers de personnes, mais sans jamais parvenir jusqu'à maintenant à résorber la précarité. Pour les administrations, la précarité d'une partie des personnels est un moyen d'assurer (mal) la continuité du service (sans en payer le prix).

---

36. *Bilan social 2012-2013, Partie II. Enseignement supérieur et Recherche*, édition 2013-2014, http://cache.media.enseignement sup-recherche.gouv.fr/file/Bilan_social/48/3/bilan-social-esr-2012-2013_318483.pdf (consulté en juin 2014).

La mobilisation porte ses fruits !

Après six ans de bons et loyaux services dans l'Éducation nationale comme assistant d'éducation puis comme professeur contractuel de lettres modernes, H.K., de nationalité mauritanienne, se voit sommé de quitter le territoire français.
En mai 2014, considérant que l'obtention de sa thèse marquait la fin de ses études, les services de la préfecture de Créteil rejettent la demande de renouvellement de son titre de séjour. H.K. s'est donc vu notifier une obligation de quitter le territoire avant le 16 juin 2014, sous peine de reconduite à la frontière et d'expulsion.
Une pétition syndicale est alors diffusée, un courrier est adressé au préfet et, le 11 juin, ce professeur contractuel reçoit une attestation de demande de titre de séjour, valable pour six mois. Les services du préfet lui assurent, par téléphone, qu'il obtiendra un titre de séjour après avoir passé une visite médicale.

13 *« Les fonctionnaires sont surreprésentés dans les instances politiques. »*

▶ On a besoin d'élus qui représentent la diversité de la société.

Aujourd'hui, une instance politique comme l'Assemblée nationale compte 55 % d'agents du secteur public, 32 % de salariés et 13 % de personnes issues de professions libérales[37]. Les fonctionnaires peuvent bénéficier d'un détachement pour exercer un mandat électif qui leur

37. Luc Rouban. « Les députés de 2012 ? Quelle diversité ? », http://www.cevipof.com/rtefiles/File/AtlasEl3/NoteLucRouban.pdf (consulté en juin 2014).

garantit de retrouver un emploi à la fin de leur mandat. De ce point de vue, la situation des fonctionnaires devrait être considérée comme un point d'appui pour étendre par la loi ce droit à l'ensemble des salariés. Cela éviterait la professionnalisation de la politique qui se traduit par un entre-soi, un renouvellement insuffisant ainsi que par un cumul des mandats.

Le droit reconnu aux fonctionnaires leur permet bien un tel engagement. On parle moins d'autres professions qui peuvent, pour une période donnée, déléguer leurs activités et les retrouver éventuellement à la fin d'un mandat. C'est par exemple le cas des professions libérales.

Le vrai problème est celui de la sous-représentation des employés et ouvriers parmi les élus. Selon l'Observatoire des inégalités, alors qu'ils représentent 13,4 % et 16,6 % de la population totale, *« la part des ouvriers parmi les conseillers municipaux est de 4 %, à peine de 1 % dans les conseils généraux. Les employés sont mieux représentés dans les conseils municipaux (21,2 %) mais ils ne représentent que 4,7 % des conseillers généraux. »* Les professions intermédiaires sont représentées à hauteur de leur part dans la population, et 43 % des maires, 30 % des conseillers généraux sont retraités. Ce constat, qui traduit la disponibilité exigée par ces fonctions, ne dit rien de l'origine professionnelle ou sociale de ces élus.

Chez les députés issus du salariat, deux catégories sont fortement représentées : les cadres du privé et les enseignants du secondaire ou du supérieur[38] ; à partir de

---

38. *Ibid.*

1978, les cadres de la fonction publique sont plus nombreux, et en particulier les hauts fonctionnaires issus de l'École nationale d'administration (Ena), qui est devenue un vivier de personnel politique, avec d'ailleurs un va-et-vient permanent entre emploi public et privé. En revanche, selon Luc Rouban *« la proportion des petits et moyens fonctionnaires est très réduite »*.

En fait – et c'est sans doute le principal problème –, l'origine sociale des élus issus de la fonction publique n'échappe pas aux conditionnements de l'ensemble de la société. En effet, la situation professionnelle n'est pas le seul élément permettant d'entamer un mandat politique. Selon l'Observatoire des inégalités [39] toujours, il faut être désigné par un parti politique pour être candidat, disposer d'un réseau pour être élu, maîtriser les codes et la parole, entre autres, ce qui est socialement discriminant. Dans le privé comme dans le public, les citoyens appartenant aux catégories sociales les plus modestes sont les plus exclus de la représentation politique. Ceci dit, on peut penser que l'engagement de nombreux fonctionnaires en politique est motivé par leur pratique professionnelle qui les amène à prendre en compte l'intérêt général et les valeurs qui y sont attachées.

---

39. « L'origine sociale des élus locaux », http://www.inegalites.fr/spip.php? page=article&id_article=561&id_groupe=12&id_mot=92&id_rubrique=84 (consulté en juin 2014).

14 « Les fonctionnaires sont plus absentéistes que les salariés du privé. »

▶ **Dans la fonction publique aussi, les inégalités sociales de santé expliquent des niveaux d'absence très variables.**

Les salariés des entreprises privées ont été absents pour raison de santé, en moyenne 16,6 jours par an en 2013[40]. Dans la fonction publique, ces arrêts sont évalués à 13 jours dans la fonction publique de l'État, 21,7 jours dans la fonction publique territoriale, et 16,3 jours dans la fonction publique hospitalière[41].

Le nombre et la durée des absences pour raison de santé sont étroitement liés au sexe (les femmes sont plus fréquemment absentes, notamment parce que l'on décompte en maladie des journées liées à la maternité ou à la garde des enfants malades), à l'âge, au secteur d'activité (le secteur du soin est l'un de ceux où les absences pour cause de maladie sont les plus fréquentes) et à la catégorie socioprofessionnelle.

Tous ces éléments concourent à relativiser le taux mesuré pour la fonction publique territoriale : d'une part, les femmes y représentent 61 % des personnels, d'autre part l'âge moyen y était de 44 ans en 2011 (il est de 39,4 ans dans le secteur privé[42]), enfin les

---

40. Baromètre Alma de l'absentéisme, 2013.
41. DGAFP, *Rapport annuel sur l'état de la fonction publique, édition 2013*, *op. cit.*
42. Pôle emploi, *Repères et analyses statistiques*, n° 51, octobre 2012.

personnels de catégorie C y représentent près de 75 % des agents[43].

Selon la Mutuelle nationale territoriale[44], en 2013, près d'un tiers des agents de la fonction publique territoriale déclarent avoir renoncé aux soins aux cours des six mois précédant l'enquête pour des raisons financières. Dès lors, leur état de santé est plus dégradé et le nombre de jours d'arrêt de maladie tend à augmenter, expliquant des absences plus nombreuses.

La polémique s'est déchaînée lorsque le gouvernement a fait voter à l'automne 2013 la suppression dans la fonction publique de la journée de carence (c'est-à-dire le premier jour d'arrêt de travail ni rémunéré ni indemnisé). La rémunération des jours d'arrêt maladie non indemnisés par l'Assurance maladie est négociée dans le cadre des conventions collectives pour le secteur privé, mais nécessite d'être prévue par la loi pour les fonctionnaires. À l'occasion du débat au Parlement, le gouvernement a souligné que *« 64 % des salariés, les trois quarts de ceux relevant des entreprises de plus de 250 salariés voient leurs jours de carence couverts par des accords d'entreprise »*, ce qui induisait « *une situation différenciée et défavorable aux agents publics*[45] ». En conséquence, il était légitime que la loi rétablisse la situation antérieure.

---

43. DGAFP, *Rapport annuel sur l'état de la fonction publique, édition 2013*, *op. cit.*

44. Baromètre 2013 de la protection sociale des agents territoriaux, *Enjeux mutuels*, n° 12, avril 2013.

45. Exposé des motifs de l'article 67 du projet de loi de finances pour 2014.

15 « Les retraites des fonctionnaires sont plus importantes que celles du secteur privé. »

La comparaison, aussi délicate soit-elle, ne permet pas vraiment de l'affirmer, contrairement aux campagnes d'opinion qui visent, elles, à réduire les droits de tous.

La comparaison des pensions de retraite est particulièrement délicate. Lorsque l'on se limite aux retraités « monopensionnés » (retraités d'un seul régime), les dernières données officielles portent sur les pensions versées en 2010.

La pension mensuelle moyenne d'un salarié du régime général est de 1 084 euros (1 517 euros pour les hommes et 767 euros pour les femmes), celle d'un fonctionnaire de l'État de 2 075 euros, et d'un fonctionnaire relevant de la CNRACL[46] de 1 292 euros[47]. Mais, selon la même source, si l'on s'en tient à la comparaison des retraités ayant eu une carrière complète, les écarts sont plus réduits avec des montants mensuels moyens de 1 704 euros au régime général, 2 215 euros dans la fonction publique de l'État et 1 846 euros pour la CNRACL. Toutefois, si on se contente de comparer des moyennes, cela n'a pas grand sens : en effet, comme pour les différences de salaire

46. La CNRACL, Caisse nationale de retraite des agents des collectivités locales, regroupe les agents titulaires de la fonction publique territoriale (exerçant au moins 26 heures par semaine) et ceux de la fonction publique hospitalière.
47. DREES, *Les retraités et les retraites en 2010*, 2012, http://www.drees.sante.gouv.fr/IMG/pdf/retraite2010.pdf (consulté en juin 2014).

entre les deux secteurs, public et privé, on y retrouvera la conséquence du poids plus important des emplois qualifiés dans la fonction publique de l'État. Il faudrait donc comparer catégorie par catégorie.

Surtout, il faut tenir compte du fait que les retraites sont construites de façon différente : une pension unique pour les fonctionnaires et, pour les salariés du privé, une pension de base à laquelle s'ajoutent obligatoirement une ou des pensions complémentaires (voir le tableau ci-après). Elles s'appliquent à des rémunérations qui évoluent de façon différente et ne portent pas sur le même périmètre : par exemple, pour les fonctionnaires, les primes et indemnités ne sont pas prises intégralement en compte[48] alors que, pour le privé, elles le sont. Enfin, il faut souligner qu'un grand nombre de salariés perçoit des pensions de retraite de plusieurs régimes. Cela peut être le cas de fonctionnaires qui ont débuté dans la fonction publique comme agents non titulaires.

En outre, il faut se rappeler que les réformes des vingt dernières années qui visent la baisse des pensions ont débuté à des moments différents pour le régime général (à partir de 1993 pour les salariés du secteur privé et les non-titulaires de la fonction publique) et les régimes spéciaux (à partir de 2003 pour les fonctionnaires). Bref, autant d'éléments qui brouillent l'appréciation.

---

48. Depuis 2005 a été instauré un régime additionnel de la fonction publique visant à la prise en compte pour la retraite des primes et indemnités (voir l'encadré « Des primes très variables »), mais seule une partie de ces primes est concernée et la date récente de mise en place de ce dispositif fait que ses effets sont très limités pour les fonctionnaires qui partent actuellement en retraite.

Aussi est-il utile de se reporter aux projections officielles. Le rapport de la Commission pour l'avenir des retraites conclut à des situations « comparables » entre public et privé : « *La comparaison des taux de remplacement* [le rapport entre la première pension et le dernier revenu], *tels que considérés précédemment, est plus appropriée pour corriger partiellement ces effets de structure. Elle met en lumière des situations comparables : médiane de 74,5 % pour le secteur privé et 75,2 % pour la fonction publique civile pour la génération 1942*[49]. »

Affiliation obligatoire des travailleurs aux régimes de retraite selon leur secteur d'activité ou statut

	Groupe professionnel	Régime de base	Régime complémentaire
Secteur privé	Salariés de l'industrie et des services	Régime général	Agirc Arrco
	Salariés des organismes de sécurité sociale		Capsse
	Salariés agricoles	Msa	Agirc, Arrco
Secteur public	Agents non titulaires de l'État	Régime général	Ircantec
	Fonctionnaires de l'État	Pensions civiles et militaires	
	Agents des collectivités territoriales et des hôpitaux	Cncracl	
	Grandes entreprises nationales	Régimes spéciaux	

49. *Nos retraites demain : équilibre financier et justice*, rapport de la Commission pour l'avenir des retraites, juin 2013.

Non salariés	Agriculteurs	Msa	Assureurs
	Artisans	Cancava	
	Industriels et commerçants	Organic	
	Professions libérales	Cnavpl	

Lecture : un salarié de l'industrie et des services est affilié à un régime de base, le régime général, et à un ou plusieurs régimes complémentaires gérés par l'AGIRC ou l'ARRCO.
Source : Anne Féray, Elizabeth Labaye, François Labroille, Arnaud Parienty, Jean François Quantin, *Retraite : faux problèmes, vraies solidarités*, Paris, Institut de recherche de la FSU / Syllepse, décembre 2002.

16 *« Il y a autant d'inégalités femmes / hommes dans la fonction publique que dans le privé. »*

▶ Les inégalités entre les hommes et les femmes existent dans la fonction publique, avec cependant moins d'ampleur que dans le secteur privé.

Sur les salaires versés pour un temps de travail complet, les femmes perçoivent des salaires inférieurs à ceux des hommes de 15 % dans la fonction publique de l'État, de 11 % dans la fonction publique territoriale et de 22 % dans la fonction publique hospitalière. Dans le secteur privé, la différence est de 20 %[50].

---

50. DGAFP, *Rapport annuel sur l'état de la fonction publique, édition 2013, op. cit.*

On sait que les femmes exercent plus fréquemment à temps partiel que les hommes. Dans le secteur privé, comme pour les non-titulaires de la fonction publique, le temps partiel est souvent imposé. Il conduit à ce que la différence des salaires réellement perçus soit de 30 % au détriment des femmes. Pour les fonctionnaires titulaires, le temps partiel s'effectue en général à la demande des intéressés (sauf parfois dans la fonction publique territoriale, voir l'idée fausse n° 11), c'est-à-dire qu'il correspond au choix des personnes, généralement influencées par le comportement que la société attend des femmes ou, pour les jeunes ménages, par les difficultés liées à la garde des jeunes enfants[51].

Il y a donc des différences salariales entre les hommes et les femmes dans la fonction publique, certes d'une amplitude moins forte que dans le secteur privé, mais bien réelles. Et ces différences sont d'autant moins justifiables qu'il existe un statut unique censé s'appliquer sans discrimination et qu'un des principes de base en est l'égalité de traitement. Si la rémunération en référence à la grille est un facteur d'égalité, d'autres éléments ont des effets inverses : la plus faible rémunération des filières fortement féminisées (filières sociales ou métiers de l'enseignement) et le fait que les emplois les plus rémunérateurs sont en général occupés par des hommes[52]. Ainsi, le taux des primes (voir l'encadré

---

51. En France, seulement un enfant sur deux est gardé hors du domicile (*cf.* Observatoire national de la petite enfance, dossier de presse CNAF, 14 novembre 2013).

52. Au 31 décembre 2011, les emplois de direction sont occupés à 26 % par des femmes dans la fonction publique de l'État, 35 % dans

« Le salaire des fonctionnaires ») est pratiquement double pour les hommes que pour les femmes : 39 % contre 20,1 %[53].

Les retraites des femmes cumulent les effets de leur plus faible rémunération, mais aussi ceux de carrières moins souvent complètes. Les pensions de droit direct[54] des femmes au régime général étaient en 2010 en moyenne la moitié de celles des hommes. Dans la fonction publique de l'État, les pensions des femmes sont inférieures à celles des hommes de 17 % et de 25 % dans les fonctions publiques territoriale et hospitalière[55]. Ainsi, calculer la pension de retraite sur le traitement des six derniers mois du traitement – comme c'est le cas pour les fonctionnaires – joue en faveur du rapprochement des pensions entre les hommes et les femmes, tandis que la prise en compte dans le régime général[56] du salaire moyen des vingt-cinq meilleures années leur est très défavorable.

---

la fonction publique territoriale et 45 % dans la fonction publique hospitalière (*cf.* DGAFP, *Rapport annuel sur l'égalité professionnelle entre les femmes et les hommes dans la fonction publique*, 2014).

53. Le taux de primes est le rapport entre le montant des primes et le traitement indiciaire. Supérieur en moyenne globale pour les hommes, il l'est aussi dans chacune des catégories socioprofessionnelles (*cf.* DGAFP, *Rapport annuel sur l'état de la fonction publique, édition 2013*, *op. cit.*).

54. Déterminées à partir de l'activité professionnelle, par opposition aux pensions de réversion versées à la personne veuve.

55. DREES, *Les retraités et les retraites en 2010*, *op. cit.*

56. Salariés du secteur privé et non-titulaires de la fonction publique.

17 *« Pour être muté ou promu, il faut être syndiqué. »*

▶ **Il ne faut pas confondre représentation du personnel et clientélisme.**

Défaire cette idée fausse suppose d'expliquer au préalable la nature spécifique du statut des fonctionnaires. Ce statut est, au sens juridique, « unilatéral » : l'État, Parlement et gouvernement, fixe les règles ; le supérieur hiérarchique prend les décisions qui vont concerner les individus (affectation et mutation, promotions).

Depuis la Révolution française qui supprime les privilèges et les offices des agents royaux, l'accès aux fonctions servant l'État est déterminé par le seul mérite. À la fin du XIXe siècle, alors même que le droit syndical n'existait pas pour les fonctionnaires, leurs associations se sont préoccupées de lutter contre « l'arbitraire » de l'État. À la Libération, le statut des fonctionnaires[57] est accepté parce qu'il reconnaît le droit syndical et parce qu'il organise la « participation » des personnels. Il prévoit en effet la consultation de leurs représentants élus sur les projets d'organisation du service ou sur les décisions individuelles. Mutations et promotions, avant d'être actées par le chef de service, sont donc soumises aux commissions administratives paritaires, les CAP.

---

57. Ensemble de textes de nature législative et réglementaire qui définissent les règles régissant la fonction publique, les droits et devoirs des fonctionnaires. Depuis la Libération, on parle du « statut général » car il est devenu commun aux agents des différents ministères.

Composées à parité d'élus des personnels et de représentants de l'administration, elles ont un avis consultatif. Dans les faits, leurs avis sont en général suivis. Les élus des personnels ont donc à cœur de discuter des règles qui seront appliquées, de vérifier que tous les fonctionnaires, syndiqués ou non, sont correctement traités. Il y a là un enjeu essentiel de cohésion des services. Les personnels sont en concurrence entre eux pour un poste, une promotion. L'obtenir ou non a des conséquences directes sur leur vie professionnelle, donc sur leur vie quotidienne. Il est important que chacun sache que les collègues ont été départagés selon les critères les plus objectifs et les plus transparents possibles. Évidemment, le fait d'être syndiqué ou non ne peut en aucun cas intervenir dans ces arbitrages. Le nouveau management public[58] (NMP), qui s'est répandu dans les milieux dirigeants de la fonction publique depuis une vingtaine d'années, vante l'« individualisation » – c'est-à-dire la décision d'avancement ou de mutation en fonction de critères variables et opaques, prise par la hiérarchie sans avis des commissions administratives paritaires – pour casser ces règles collectives, au risque d'opposer les personnels entre eux alors qu'il y a besoin d'équipes cohérentes pour rendre un meilleur service.

58. Théorie de la gestion des services publics et de leurs agents d'origine anglo-saxonne et d'inspiration libérale qui a orienté notamment un certain nombre de réformes en matière de gestion des personnels.

Des primes très variables

Au traitement indiciaire des fonctionnaires s'ajoutent des « primes » ou indemnités, qui peuvent correspondre au paiement d'heures supplémentaires ou à des sujétions particulières (astreintes, exercice dans des quartiers ou établissements sensibles, fonctions de remplacement...). Se généralisent, en outre, des primes liées aux résultats, dont le montant variable est fixé par le supérieur hiérarchique.

Le taux de primes et indemnités[59] est très variable d'une administration à une autre, d'un métier à l'autre (quasi nul, par exemple, pour les enseignants des écoles), d'une collectivité à une autre dans la fonction publique territoriale, entre les agents eux-mêmes. Il est systématiquement supérieur pour les hommes que pour les femmes (voir l'idée fausse n° 16).

Les primes n'interviennent pas dans le calcul de la pension dans la fonction publique. Cependant, depuis 2005, la retraite additionnelle, fonds de pension par capitalisation, prend en compte une partie seulement de celles-ci, pour un rendement risqué et très faible.

Mais ces primes ont pris une place de plus en plus importante[60] alors que le traitement a vu sa progression limitée par le « gel du point d'indice » (voir l'idée fausse n° 9).

59. Quotient du montant des primes par le traitement.

60. 32,4 % en moyenne du traitement dans la fonction publique de l'État en 2011, contre 22 % en 2006 (*cf.* DGAFP, *Rapport annuel sur l'état de la fonction publique, édition 2013* et *édition 2007-2008*, Paris, La Documentation française).

18 *« Les fonctionnaires sont toujours en grève. C'est normal, leurs jours de grève sont payés ! »*

▶ **Les jours de grève font bien l'objet de retraits de salaire dans les trois versants de la fonction publique.**

Rappelons d'abord que la grève est un droit constitutionnel pour tous les salariés.

L'idée que les fonctionnaires seraient toujours en grève est loin de la réalité. En dehors de l'année 2003, au cours de laquelle un conflit majeur a opposé les fonctionnaires au gouvernement sur la réforme de la retraite et sur le projet de décentralisation, on compte chaque année moins de deux millions de jours perdus pour cause de grève dans la fonction publique de l'État[61], soit, en moyenne, moins d'une journée par agent et par an. Le recours à la grève est donc plutôt limité dans la fonction publique.

Il faut aussi savoir que le droit de grève est réglementé dans la fonction publique. Il peut être tout simplement interdit, comme dans l'administration pénitentiaire ; faire l'objet de réquisitions[62], comme dans la fonction publique hospitalière ; être soumis, comme dans l'enseignement du premier degré, à des conditions strictes de déclaration liées à l'instauration d'un « service minimum ». En outre, dans la fonction publique de l'État,

---

61. DGAFP, *Rapport annuel sur la fonction publique, édition 2013, op. cit.*

62. Les personnels reçoivent l'ordre d'être présents dans le service, en raison du besoin de continuité.

toute grève d'une durée inférieure à une journée est sanctionnée du retrait effectif d'au moins une journée de salaire, disposition appelée le « trentième indivisible » qui n'a pas cours dans le secteur privé ni dans les autres versants de la fonction publique où une heure de grève sera pénalisée d'une heure de salaire. Ce qui explique que tout appel à la grève dans la fonction publique de l'État se traduit par un mot d'ordre d'arrêt de travail d'au moins vingt-quatre heures.

Enfin, il faut savoir que le préavis de cinq jours, obligatoire avant toute grève, n'est jamais utilisé par l'administration pour conduire des négociations afin de résoudre le conflit en amont.

Il existe donc bien des marges d'évolution pour faire reconnaître ce droit fondamental tout en réduisant les difficultés que crée un mouvement de grève pour les usagers.

Les salariés du privé ont trop souvent le sentiment de ne pas bénéficier pleinement de l'intégralité de leurs droits syndicaux, et en particulier de ne pas pouvoir exercer ce droit à la grève, fondamental pour faire aboutir leurs revendications. Cela doit interroger tous les citoyens, sans pour autant réduire le droit de grève ou le droit syndical des fonctionnaires.

19 *« Dans le système actuel, un fonctionnaire incompétent peut rester à son poste même si tout le monde sait qu'il est inefficace. »*

▶ **Inexact. Le licenciement pour insuffisance professionnelle est prévu par le statut.**

Un fonctionnaire peut être licencié pour insuffisance professionnelle. Son statut prévoit à cet effet une procédure au cours de laquelle le fonctionnaire a le droit de connaître les rapports dont son activité fait l'objet et de se défendre lors d'une réunion à laquelle participent les élus des personnels de son corps ou cadre d'emplois. Cette procédure est mise en œuvre chaque année, conduisant au licenciement de plusieurs dizaines de fonctionnaires. En 2012, 158 licenciements pour insuffisance professionnelle ont été prononcés dans les ministères[63].

Mais avant d'en arriver là, les représentants des personnels interviennent pour que soient proposées des mesures de formation, de soin ou de reclassement, avec néanmoins un certain nombre de difficultés.

Quand un fonctionnaire, par exemple un enseignant, est malade ou devient handicapé, il n'existe quasiment aucune possibilité de véritable reconversion ou de mobilité professionnelle. La seule solution que propose l'administration est une mise à la retraite si les personnels ne sont plus en capacité d'enseigner.

---

63. DGAFP, *Rapport annuel sur la fonction publique, édition 2013, op. cit.*

Pour sortir de cette impasse, il serait nécessaire de créer des passerelles avec les autres versants de la fonction publique ou d'accorder des formations permettant d'accéder à une seconde carrière.

20 *« Les syndicats de fonctionnaires sont corporatistes, réactionnaires, hostiles à toute réforme. »*

Les syndicats proposent des réformes mais elles ne sont que très peu prises en compte. Sans doute parce qu'elles dérangent.

Aujourd'hui, il faut réformer, ne cesse-t-on de nous répéter. D'un côté il y aurait les bons, les « réformateurs » ; de l'autre les corporatistes. Dans cette vision binaire, la question du contenu et des modalités des réformes n'est jamais posée. On a parfois le sentiment que tout ministre se doit d'afficher sa « réforme » au point parfois qu'il est un peu difficile pour les personnels de s'y retrouver ! Et les effets de ces réformes ne sont que rarement évalués et mis en débat avant que ne soient mises en chantier de nouvelles « réformes ». Il arrive que certaines aillent à rebours de ce qui serait nécessaire : les syndicats parlent alors de « contre-réformes ».

Elles viennent généralement d'en haut, décidées *a priori* sans jamais prendre réellement en compte les préoccupations et les attentes des agents, si ce n'est à la marge : la concertation n'intervient qu'*a posteriori*, une fois les décisions prises, et généralement ne porte que sur la façon de mettre en œuvre ces décisions. Avec quasi systématiquement une préoccupation dominante : réduire les coûts à tout prix. Rien d'étonnant à ce que cela suscite des réactions négatives.

Mais lorsque des organisations syndicales sont porteuses de propositions pour des réformes ou lorsqu'elles demandent que les agents soient associés et concertés sur des projets de réformes, il y a peu d'échos faits à ces propositions. Comme s'il ne fallait pas casser les représentations : les organisations syndicales bloqueraient toute innovation contre l'intérêt des usagers, les dirigeants réformeraient... Pourtant les organisations syndicales ont la responsabilité de représenter les personnels et de défendre leurs intérêts, mais aussi de s'appuyer sur leur expérience pour améliorer le fonctionnement et l'efficacité de la fonction publique et des services publics. Défendre les conditions de travail des agents, défendre leurs rémunérations, leurs conditions de retraite, etc., c'est nécessaire pour permettre à chacune et chacun de vivre dignement mais aussi de s'investir pleinement pour faire fonctionner et faire évoluer les services au mieux. C'est au contraire vouloir que le progrès social soit l'avenir.

Pour finir, les syndicats de fonctionnaires ne vivent pas en vase clos : ils sont solidaires des autres salariés et participent aux luttes interprofessionnelles pour un progrès qui profite à tous.

Sur les enseignants

21 *« Les enseignants sont déconnectés de la vie des entreprises et de la réalité du travail dans le privé. »*

▶ **Ils ont plus de relations avec le monde des entreprises qu'on ne le pense et leur mission d'éducation ne saurait se limiter à cet aspect.**

On pourrait commencer par faire remarquer que nombre de professeurs qui enseignent dans les voies technologique et professionnelle du lycée ainsi qu'en sections de techniciens supérieurs sont issus du monde de l'entreprise ; ou bien que les enseignants ont des conjoints, des enfants, des amis qui travaillent dans le secteur privé ou qui recherchent un emploi. Mais est-ce bien le problème ?

Comme tous les salariés, les enseignants connaissent la réalité et les contraintes d'un travail. Ils ont un poste, un lieu de travail, des collègues, des tâches à effectuer, des comptes à rendre à une hiérarchie, des espérances de progression de carrière, un salaire, la volonté de bien faire leur travail. Il leur est reproché, comme à tous les fonctionnaires, d'avoir la sécurité de l'emploi (voir l'idée fausse n° 5), mais faut-il prendre comme modèle la précarisation croissante du privé ? Et, quand ils souhaitent changer de métier, ils trouvent peu de soutien de la part de l'institution : les « congés mobilité » créés en 1989 ont vite disparu, faute de financement.

Le monde économique figure dans les programmes scolaires dès le collège, il est étudié de près dans certaines séries du lycée. Les élèves des lycées professionnels, ceux des sections de techniciens supérieurs et les étudiants ont des périodes de formation obligatoires en entreprise. Les enseignants ont la responsabilité de s'assurer que ces stages se déroulent bien, que leurs élèves ou leurs étudiants sont effectivement en situation d'apprentissage. Cela passe en partie par des visites sur le lieu de stage, par la rencontre de ceux qui encadrent élèves ou étudiants.

Les syndicats dénoncent souvent la faiblesse de la formation continue, qui pourrait permettre aux enseignants de prendre du recul par rapport à la classe et de mieux appréhender les évolutions de la société. Par ailleurs, la connaissance des métiers et l'orientation des élèves vers telle ou telle formation sont davantage le travail des conseillers d'orientation-psychologues (CO-Psy), qui ont été formés pour cela. Ce travail est réalisé en équipe avec les enseignants, y compris lorsque les établissements scolaires organisent la visite des salons de formation, mais il est rendu difficile par la faiblesse du nombre des CO-Psy. En moyenne, on compte un conseiller pour 1 074 élèves[1], ce qui ne peut que créer

---

1. Effectifs élèves du second degré public à la rentrée 2012 : 4,268 millions (*cf.* MEN, *Repères et références statistiques sur les enseignements, la formation et la recherche*, 2013). Effectifs des CO-Psy : 3974 (*cf.* MEN, *Bilan social*, 2013).

des insatisfactions, d'autant que le choix d'une formation professionnelle est un processus long et complexe.

Rappelons enfin que si la connaissance du monde de l'entreprise fait partie de la mission de l'école, elle ne peut se résumer à cet aspect. Sa fonction est de permettre l'émancipation des élèves en favorisant à la fois leur construction personnelle et leur insertion sociale et professionnelle.

22 *« Un enseignant travaille moins qu'un salarié du secteur privé. »*

▶ Au temps passé avec les élèves s'ajoute pour l'enseignant une part « invisible » de travail.

Préparation de la classe, des cours (notamment pour les enseignants en début de carrière), corrections, documentation, suivi des élèves, travaux de jurys, suivi des élèves en stage, réunion des conseils d'école ou des conseils de classe, réunions de travail informelles entre collègues, préparation des projets de classe, d'école ou d'établissement, rencontre des parents... Alors que la durée légale du travail salarié est de trente-cinq heures hebdomadaires, soit 1 607 heures annuelles, le travail invisible des enseignants porte leur temps de travail moyen à 44 heures par semaine d'école pour les enseignants du premier degré [2], et à 43 heures pour les professeurs certifiés [3]. On parvient

2. MEN-DEPP, *Note d'information*, 13.12, juillet 2013.
3. MEN-DEPP, *Note d'information*, 13.13, juillet 2013.

donc à des volumes annuels tout à fait comparables à ceux des autres salariés du secteur privé et de la fonction publique. Selon les mêmes enquêtes, pendant les congés scolaires, les enseignants travaillent en moyenne 19 à 20 jours (préparation de cours, corrections, mise à jour des connaissances, formation...).

Le métier d'enseignant peut être physiquement et psychologiquement épuisant, y compris à l'école maternelle. *« C'est un métier que l'on ne peut pas faire à moitié, en s'économisant ; ça ne marcherait pas ! »* rapporte l'ergonome Dominique Cau-Bareille[4].

Cette réalité est d'autant plus prégnante que la tendance est à l'augmentation des effectifs par classe (de 23,7 en 1995 en moyenne pour les classes de collège à 24,2 en 2012 ; de 28,6 en 2000 à 29,7 en moyenne pour les classes des lycées généraux et technologiques[5]). L'école primaire est, quant à elle, connue pour avoir des effectifs parmi les plus lourds des pays de l'OCDE. La création de 2 355 postes à la rentrée 2014 est en grande partie absorbée par la hausse démographique. 970 classes supplémentaires sont ouvertes pour 35 600 élèves en plus, soit une classe pour 37 élèves[6].

---

4. Dominique Cau-Bareille, *Les enseignants en fin de carrière*, Rapport public, CREAPT-CEE, Paris, La Documentation française, 2009.
5. MEN-DEPP, *Repères et références statistiques sur les enseignements, la formation et la recherche*, 2013, http://cache.media.education.gouv.fr/file/2013/49/9/DEPP-RERS-2013_266499.pdf (consulté en juin 2014).
6. Voir l'évolution du nombre moyen d'élèves par classe en France métropolitaine depuis 2006 (MEN-MESR-DEPP, 2013/2014).

Pour un professeur des écoles, le nombre des domaines à enseigner augmente. Dans les collèges et les lycées, c'est le nombre de classes en charge qui s'accroît alors que le nombre d'heures d'enseignement dues par semaine n'a pas bougé depuis soixante-cinq ans.

Les évolutions vécues par les enseignants vont donc bien vers un alourdissement de leur charge de travail.

23 *« Les syndicats enseignants défendent leurs intérêts et pas celui des élèves et des parents. »*

La première motivation des enseignants est de faire réussir leurs élèves.

Bien souvent, les revendications et les actions de leurs syndicats portent sur les conditions d'enseignement proprement dites : taille des classes, contenu des disciplines et des programmes, organisation des enseignements, pratiques professionnelles, développement de l'orientation, de l'aide aux élèves en difficulté, demande de professeurs remplaçants ou de formation continue. Souvent, d'ailleurs, ces actions sont menées en commun avec les parents d'élèves.

Par ailleurs, les syndicats enseignants peuvent se prévaloir d'une indéniable représentativité. Celle-ci est mesurée régulièrement par un vote de tous les personnels.

Le rôle d'une organisation syndicale est de défendre les intérêts matériels et moraux de leurs adhérents. Lorsque les syndicats s'expriment, ils représentent donc non seulement une profession, mais aussi une expertise.

La prise en compte de cette expérience et de ces aspirations est un gage d'efficacité de l'action publique.

Écouter les enseignants à travers leurs organisations représentatives est un gage de réussite pour améliorer le système éducatif : comment imaginer que l'école assure la réussite de tous si ceux qui sont en première ligne ont le sentiment de ne pas être entendus, ou que leur expérience professionnelle et leur engagement sont niés ?

Dans une étude sur le travail des enseignants en Europe, l'universitaire belge Christian Maroy[7] constate que, presque partout, les enseignants résistent aux réformes qui ne leur semblent pas de nature à améliorer réellement l'efficacité de leur travail, alors que, en revanche, dès qu'ils y voient une perspective de réelle amélioration du système, ils s'y engagent.

24 *« Les enseignants ont trop de congés par rapport aux autres salariés. »*

▶ Le travail des enseignants ne s'arrête pas au début des vacances des élèves pour reprendre lors des rentrées.

Les enseignants déclarent consacrer en moyenne une vingtaine de jours de vacances scolaires à leur travail professionnel (voir l'idée fausse n° 22). Ces journées étant réparties entre les « petites vacances » et les congés d'été.

---

7. Christian Maroy, « Les évolutions du travail enseignant en Europe. Facteurs de changement, incidences et résistances », *Les Cahiers de recherche en éducation et formation*, n° 42, 2005.

Ils se voient aussi mobilisés par les établissements sur leur temps de vacances : que ce soit par les stages proposés aux élèves au cours des vacances dans l'enceinte des établissements (actions gratuites de soutien pour les élèves en difficulté de CM1-CM2, accompagnement des réorientations en cours de cycle au lycée) ou par les jurys du baccalauréat jusqu'à la mi-juillet pour les enseignants de lycée.

Cette organisation du travail des enseignants conjugue donc du temps très contraint avec une liberté relative d'organisation du « travail invisible » (voir l'idée fausse n° 22). Elle est souvent invoquée comme prétexte justifiant que les salaires des enseignants soient nettement plus faibles comparés à ceux de salariés d'un même niveau de qualification. Le salaire moyen d'un enseignant est en effet inférieur de 30 % à celui d'un cadre de la fonction publique et de 37 % à celui d'un cadre du secteur privé[8]. Une conséquence est que, malgré le chômage massif, des centaines de postes aux concours restent non pourvus.

La réduction du temps de travail et l'acquisition de journées de RTT dans le privé comme dans le public ont réduit sensiblement l'écart entre les enseignants et les autres salariés s'agissant du nombre de journées libérées. L'ampleur du chômage et l'aspiration au bien-être dans son travail supposent de poursuivre, dans l'enseignement comme ailleurs, le mouvement général de réduction du temps de travail.

---

8. DGAFP, *Rapport annuel sur l'état de la fonction publique, édition 2013*, *op. cit.*

25 *« Les professeurs d'école maternelle ne devraient pas avoir besoin d'un niveau Bac +5 pour enseigner. »*

▶ L'école maternelle est une véritable école.

Non obligatoire[9], l'école maternelle est considérée pourtant comme une première étape de la scolarisation, indispensable pour entrer au cours préparatoire. Elle est d'ailleurs dotée de programmes officiels qui sont ceux de l'école primaire, construits et validés de la même manière.

L'école maternelle est donc une étape de socialisation importante des enfants ; elle joue aussi un rôle majeur dans leurs apprentissages, notamment celui du langage. Pour eux et leur famille, elle est aussi le premier contact avec le savoir et le système scolaires. Les études montrent que la scolarité en maternelle favorise la réussite scolaire, particulièrement pour les élèves des milieux les plus défavorisés. L'école maternelle joue donc un rôle extrêmement important auprès des familles.

Tous les professeurs des écoles (maternelles comme élémentaires) sont recrutés au même niveau (master). Leur formation doit leur permettre d'aider chaque enfant à grandir, à devenir autonome, à se construire comme personne, à s'approprier des savoirs et découvrir le monde.

Enseigner à de jeunes enfants nécessite de maîtriser des connaissances et des compétences concernant aussi

---

9. L'école obligatoire ne commence qu'à six ans.

bien le développement de l'enfant que les savoirs à lui faire acquérir. La formation initiale et continue des enseignants doit d'ailleurs être renforcée pour leur permettre de mieux prendre en compte la spécificité des élèves de maternelle. La recherche sur la petite enfance en France est elle aussi essentielle.

La responsabilité des enseignants de maternelle est donc très importante, et les exigences de l'Éducation nationale à leur égard restent très fortes.

La réussite des élèves, l'affaire de tous

Rappelons l'histoire du système éducatif. À l'origine, si tous les enfants passaient par l'école primaire, tous n'allaient pas ensuite dans le secondaire. Le système éducatif pratiquait donc de fait une sélection sociale. L'allongement de la scolarité, l'élévation du niveau d'instruction ont, ces dernières décennies, fait passer l'école de la méritocratie à celle de la massification et il reste aujourd'hui à réussir le défi de la démocratisation. Car certes, l'école s'est massifiée depuis les années 1970 et, désormais, la quasi-totalité des élèves suit une scolarité jusqu'à 16 ans et les trois quarts d'une classe d'âge parviennent au niveau du baccalauréat, mais la corrélation entre inégalités sociales et inégalités scolaires entache encore les résultats du système éducatif. Les représentations, la difficulté à passer de la massification à la démocratisation entretiennent une image d'opposition entre les niveaux d'enseignement.

C'est pourquoi il est nécessaire d'affirmer et de faire comprendre que tous les élèves sont capables de réussir à l'école et qu'ils doivent pouvoir maîtriser leur destin. Il faut poursuivre la transformation du système éducatif pour l'améliorer et continuer d'afficher l'objectif d'élévation du niveau de qualification de tous. Et, pour y parvenir, c'est à tous les niveaux du système éducatif, de la maternelle à l'enseignement supérieur, qu'il faut lutter contre les difficultés scolaires et permettre l'accès à la connaissance et à la culture. Quant à la prise en charge des élèves, à l'attention à porter à la construction de leur personne, à leurs bonnes conditions de scolarisation, c'est à chacun des niveaux d'enseignement que cela est nécessaire et les enseignants, comme tous les personnels de l'Éducation, ont la préoccupation du devenir de leurs élèves. Ils y sont donc particulièrement attentifs.

26 *« Les professeurs du second degré se contentent de faire leur cours sans se préoccuper des élèves. »*

▶ **On oublie que, s'ils font ce métier, c'est parce qu'ils souhaitent la réussite des élèves.**

En 2012, on a compté 76,7 % de bacheliers dans une génération. Depuis 1970, cette proportion a plus que triplé[10]. Un tel résultat n'aurait pas été atteint si les enseignants avaient des pratiques aussi caricaturales.

Le temps scolaire des élèves comporte non seulement des heures de cours, mais aussi des séances de travaux pratiques, d'atelier, d'études et de travaux dirigés, d'aide au travail personnel. Et il revient aux enseignants d'élaborer et d'encadrer tous ces moments.

Cela est sans compter le suivi des élèves dans les périodes de formation en entreprise (voir l'idée fausse n° 22), leur accompagnement dans la rédaction de mémoires, dans la recherche documentaire en lien avec les formes nouvelles de certaines épreuves d'examen. Même si elle est l'objet de revendications pour la rendre

---

10. MEN-DEPP, *Repères et références statistiques sur les enseignements, la formation et la recherche, op. cit.*

plus efficiente, cette organisation institutionnelle n'a rien à voir avec le schéma du « cours magistral » que l'on plaque à tort sur les pratiques pédagogiques des enseignants. On pourrait y ajouter les moments particuliers que sont les sorties ou les voyages scolaires encadrés par les enseignants et intégrés dans la progression pédagogique.

Dans la salle de classe même, les enseignants continuent de construire leurs pratiques pour permettre aux élèves de découvrir et de s'approprier les savoirs[11]. Les conversations les plus fréquentes entre collègues portent sur les élèves, les problèmes qu'ils posent, les satisfactions qu'ils donnent.

Enfin, une part du rôle de l'enseignant, et pas uniquement pour un professeur principal, est de contribuer à l'orientation des élèves : au sein des conseils de classe où sont présents des représentants des parents et des élèves, mais aussi dans un dialogue constant avec les élèves.

27 *« Les enseignants-chercheurs ne travaillent que quatre à huit heures par semaine d'octobre à avril. »*

▶ **Un enseignant-chercheur travaille même lorsqu'il n'est pas devant ses étudiants.**

Statutairement, le service d'un enseignant-chercheur est, en théorie, composé d'un mi-temps « enseignement » et d'un mi-temps « recherche ». Un temps complet

11. On se reportera utilement au documentaire *Tempête sous un crâne*, de Clara Bouffartigue, sorti en octobre 2012 (film disponible en DVD depuis avril 2014).

de la fonction publique correspondant à 1 607 heures annuelles, le service a été réparti en 803,5 heures pour chacun de ces mi-temps, et un référentiel national a estimé à plus de quatre heures le volume horaire nécessaire à la préparation d'une heure de cours effectif, pour aboutir à un service « dû » de 192 heures de cours.

La partie enseignement recouvre la préparation et l'organisation des cours, un travail sur les emplois du temps pour la filière ou le diplôme dont l'enseignant est responsable, la participation au recrutement des intervenants contractuels pour gérer la pénurie de postes statutaires, la coordination des équipes pédagogiques, du temps individualisé avec les étudiants, la préparation des sujets d'examens, la participation aux jurys de ceux-ci et la correction de copies.

La partie recherche recouvre la recherche de financements, le processus de construction de nouveaux savoirs, la publication et l'expertise d'autres travaux, l'encadrement de recherches, l'organisation ou la participation à des colloques, etc.

Le fonctionnement collégial des instances universitaires implique aussi que les enseignants-chercheurs participent à des conseils de département, de laboratoire, d'université ou nationaux ; ces activités prennent également un temps considérable mais nécessaire.

Dans les faits, il n'est pas rare de voir des enseignants-chercheurs travailler plus de soixante heures par semaine, tout au long de l'année, au bureau et à domicile. L'année universitaire débute effectivement en septembre et se termine mi-juillet avec les jurys d'examen. L'été est alors souvent consacré à la préparation de nouveaux cours et à la poursuite de recherches au calme.

28 *« Les enseignants réclament toujours plus de moyens pour l'école pour éviter de se remettre en cause dans l'efficacité de leur travail. »*

▶ Les revendications des enseignants visent d'abord à améliorer les conditions d'enseignement.

Il n'est pas sérieux de faire des enseignants les boucs émissaires des difficultés de l'école. Leur revendication de moyens supplémentaires n'est pas déconnectée de la volonté qu'ils ont d'améliorer leurs pratiques. Si l'on se fixe comme objectif la réussite scolaire de tous les élèves, il faut d'une part améliorer les conditions d'enseignement des professeurs et les conditions d'étude des élèves ; il faut d'autre part que les pratiques pédagogiques évoluent et permettent la meilleure adaptation possible de l'école aux problèmes posés (plus de maîtres que de classes, travail en petits groupes, en équipe pluriprofessionnelle, formation...).

Dans leur grande majorité, les enseignants font beaucoup d'efforts pour faire réussir tous leurs élèves. Mais les écueils sont multiples :

– Les attentes sont très fortes envers l'école, elles sont parfois contradictoires, alors même que, dans une société en crise, l'école subit de plein fouet les effets du chômage, des inégalités sociales.

– Les élèves sont plus divers face aux apprentissages, au travail scolaire et aux attendus de l'école. L'autorité – des familles, des adultes, de l'école, des institutions – ne va plus toujours de soi. Or, alors qu'il faudrait pouvoir prendre en compte les difficultés de manière différenciée, quasiment individuelle, on a supprimé un grand nombre d'emplois dans les écoles, collèges et lycées, on a augmenté les effectifs des classes, au détriment d'un enseignement plus personnalisé, on a supprimé ou réduit drastiquement les dispositifs comme les Rased[12].

– En dépit du fait que les enseignants ont besoin d'une formation de haut niveau pour faire réussir tous leurs élèves, le ministère de l'Éducation l'a négligée et on les a mis « sur le terrain » sans se soucier de leurs difficultés : les instituts universitaires de formation des maîtres (IUFM) et le temps de la formation des lauréats au cours de la première année d'enseignement ont ainsi été supprimés par Xavier Darcos, ministre de l'Éducation de Nicolas Sarkozy. Il a fallu une intervention syndicale forte pour amener à une prise de conscience de la nécessité de former les enseignants. Cette action a abouti lors de la rentrée 2013 à la création par le ministre Vincent Peillon d'établissements pour la formation professionnelle des enseignants, les écoles supérieures du professorat et de l'éducation (ESPE)[13].

On peut regretter que le temps de formation continue d'un enseignant soit particulièrement réduit. Par exemple, au cours de l'année scolaire 2011-2012, les enseignants du premier degré ont suivi en moyenne 1,4 jour de formation continue, et les enseignants du second degré 1,7 jour[14]. Si l'on rapproche ce constat des données disponibles pour les cadres des ministères hors

---

12. Réseau d'aide spécialisée aux élèves en difficulté, organisée à l'école primaire.
13. Les modalités de mise en place de ces ESPE font cependant l'objet de nombreux débats et de contestations.
14. MEN, *Bilan social*, 2013.

enseignement qui ont bénéficié en moyenne de 7 jours de formation en 2011 [15], on mesure combien la politique de formation continue des enseignants a besoin d'être reconstruite.

La mission des enseignants, à tous les niveaux, est complexe. Elle demande une vraie formation et un engagement professionnel de tous les instants. Mais il faut aussi qu'ils puissent exercer leur métier avec les moyens matériels et humains nécessaires et avec l'appui de leur hiérarchie : c'est la condition *sine qua non* d'une école et d'une société qui se donnent pour objectif la réussite de tous.

29 *« Les enseignants-chercheurs sont tellement attachés à leur liberté d'enseignement et de recherche qu'ils rechignent à tout contrôle de leur travail. »*

▶ Peut-on concevoir une créativité sans liberté intellectuelle ?

Il est parfaitement normal que les enseignants-chercheurs soient attachés à cette liberté que leur garantit la législation avec les missions qu'elle leur confie en corollaire. Ils ne rechignent absolument pas au contrôle de leur travail, à condition que ce soit une évaluation par leurs pairs. Ce qu'ils récusent, c'est une évaluation technocratique par un supérieur hiérarchique étranger à leur discipline. De fait, ils passent même beaucoup de leur temps à se faire évaluer individuellement et collective-

15. DGAFP, *Rapport annuel sur l'état de la fonction publique, édition 2013, op. cit.*

ment... La publication de résultats issus de leurs travaux de recherche est d'abord soumise à d'autres spécialistes de la question, pour déterminer si les résultats exposés sont suffisamment intéressants. Toute demande de recrutement, mutation, promotion d'un enseignant-chercheur est basée sur un dossier récapitulant l'ensemble de ses travaux, enseignements, responsabilités exercées, et soumis à des commissions de plusieurs membres. Les universités étant elles aussi évaluées régulièrement, il faut rendre compte de l'activité des laboratoires, des formations mises en place, etc., et ce travail nécessite la participation de tous.

Il est fondamental pour le développement de la connaissance au service de l'ensemble de la société que soit garantie par l'État la liberté de se poser des questions qui sortent des sentiers battus et de proposer des formations innovantes, ainsi que les moyens nécessaires à son exercice, indépendamment de toute pression de nature économique, politique ou religieuse.

En outre, cette liberté permet aussi de limiter les pressions utilitaristes à court terme qui peuvent s'exercer sur les recherches, surtout si le seul critère est la rentabilité. En effet, l'utilité de la recherche n'est pas toujours immédiate. Parfois, les résultats d'une recherche fondamentale n'ont des effets qu'à long terme ou dans des domaines inattendus. Prétendre limiter la recherche ou son évaluation à ce qui aurait une utilité prévisible est un contresens. C'est ignorer toute l'histoire des sciences et de leur développement. Les découvertes majeures, comme l'électricité ou le laser par exemple, sont issues de travaux qui ne cherchaient pas à les obtenir, mais à expliquer des phénomènes observés.

30 *« Les établissements privés sont plus efficaces que les établissements publics. »*

▸ Le tri social pratiqué par les établissements privés invalide la comparaison.

On sait que, dans notre pays, la réussite scolaire est fortement corrélée à l'origine socioprofessionnelle des élèves. Les établissements privés n'ont pas l'obligation d'accueillir tous les élèves. De fait, ils scolarisent davantage d'élèves issus de familles socialement favorisées. Ainsi, à la rentrée scolaire 2012, les établissements privés du second degré comptaient 36,3 % d'enfants de chefs d'entreprise, de cadres, de professions intellectuelles supérieures ou d'enseignants contre 20,6 % dans le public, et 19,6 % d'enfants d'ouvriers ou d'inactifs contre 39,3 % dans le public[16].

On ajoutera que, bien que dépendant des finances publiques puisque l'État rémunère les enseignants du privé lorsque les établissements sont sous contrat d'association, ils offrent des conditions d'encadrement des élèves bien plus favorables avec, par exemple, une moyenne de 26,1 élèves par classe en lycée général et technologique contre 29,7 dans le public[17].

La publication dans la presse de taux de réussite aux examens de chaque établissement n'est pas sans générer des pratiques douteuses. Les bonnes places occupées par

---

16. MEN-DEPP, *Repères et références statistiques sur les enseignements, la formation et la recherche*, 2013.
17. *Ibid.*

les établissements privés, que certains mettent volontiers en avant, sont sans doute davantage le résultat d'un tri social que le gage d'une plus grande efficacité.

31 *« Garder très longtemps à l'école des jeunes qui sont en échec, cela ne sert à rien. »*

▶ **L'échec d'un élève ne doit jamais être considéré comme définitif.**

Lorsqu'on parle de jeunes « en échec », on semble évoquer un état, une situation quasi définitive. C'est oublier que les jeunes sont en perpétuelle évolution, en construction, et que l'école se doit de les accompagner dans ce processus vers l'émancipation. Leur échec est donc, avant tout, relatif, lié à l'âge, consécutif d'une difficulté familiale ou autre : il est tout sauf définitif. Le jeune est scolarisé pour diverses raisons, toutes importantes : il poursuit un cursus scolaire dans le but d'acquérir une culture commune qui lui donnera les moyens de comprendre et d'agir sur le monde dans lequel il évolue ; il reçoit une formation qui lui permettra aussi de viser une insertion sociale et professionnelle ; enfin, il grandit parmi ses pairs, fait l'expérience d'une vie sociale riche, se confronte aux atouts et aux difficultés du « vivre ensemble ». Cette dimension sociale est importante dans la construction de l'individu et, si l'école ne se réduit pas à cela, il lui faut tenir compte aussi de ce rôle d'éducation qu'elle se doit de jouer.

Aucune éviction n'est envisageable : la place du jeune est à l'école. D'ailleurs, en moyenne, les jeunes vont à l'école jusqu'à 19 ans. C'est pour tenir compte de cette réalité que la FSU propose de fixer l'âge de scolarité obligatoire à 18 ans (au lieu de 16 actuellement), afin que l'État assume toute sa responsabilité en matière d'éducation. Mais il faut tout mettre en œuvre pour que la scolarité permette son épanouissement. Pour que l'école ne soit pas elle-même en échec, elle doit permettre à chaque jeune d'y trouver sa place en se dotant de moyens (par exemple des petits effectifs d'enseignement) et de personnels suffisants (au cœur d'équipes pluri-professionnelles). Elle doit aussi mettre en place en son sein, à tout moment de la scolarité, des dispositifs de prévention de la difficulté scolaire et agir de façon précoce, mais non discriminante.

32 *« Les universités françaises sont mauvaises. La preuve, aucune d'entre elles n'arrive dans le "top 10" des universités mondiales. »*

▶ Les critères du classement dit « de Shanghai » sont sujets à caution.

Ce type de classement académique des universités mondiales est très décrié en raison de sa méthodologie qui privilégie la recherche en sciences exactes plutôt que l'enseignement, beaucoup plus difficile à évaluer.

Ainsi, il retient pour une université le nombre de prix Nobel attribués à ses anciens élèves ou à ses chercheurs, le nombre de médailles Fields (équivalent du Nobel en mathématiques) ainsi que le nombre d'articles publiés dans des revues exclusivement anglo-saxonnes comme

Nature et *Science*. De ce fait, les critères employés sont bien davantage adaptés aux universités anglo-saxonnes qu'aux universités européennes. Ne sont pas prises en compte les recherches menées dans les organismes publics de recherche non insérés dans des universités, lesquels sont beaucoup plus développés en Europe que dans le reste du monde. Ainsi, alors même que la recherche en France se fait en grande partie au sein d'unités mixtes de recherche « universités/Centre national de la recherche scientifique (CNRS) », ce dernier, au premier rang mondial pour les publications scientifiques, est complètement ignoré par le classement de Shanghai.

En outre, ce classement s'intéresse aux universités sélectives, voire très sélectives, et ne prend pas du tout en compte la qualité de l'enseignement dispensé, le nombre d'étudiants accueillis, leur insertion professionnelle. Il ignore totalement la démocratisation de l'accès aux formations. La stratégie de regroupement des universités à laquelle pousse le ministère va peut-être permettre à certaines de gagner des places, mais ces artifices ne permettent en rien de mieux former les jeunes, de faire réussir les étudiants ou d'accroître la qualité de la recherche.

33 *« Les enfants d'enseignants réussissent mieux que les enfants des autres catégories sociales. »*

Oui, mais cela devrait interroger sur les raisons qui font que l'école a encore du mal à s'adresser à tous les élèves.

Une thèse a récemment été consacrée à cette question[18] : elle montre que si les enfants d'enseignants réussissent légèrement mieux que les enfants de cadres, cette différence est sans commune mesure avec celle qui sépare ces derniers des enfants d'ouvriers[19], et que cet avantage s'inverse dans l'enseignement supérieur.

S'ils réussissent « mieux », ce n'est pas parce qu'ils bénéficieraient de complaisance, d'aides particulières ou de passe-droits mais davantage parce qu'ils bénéficient d'un environnement culturel plus diversifié, et surtout parce que leurs parents sont convaincus de l'importance du rôle de l'école pour réaliser leurs projets personnels et professionnels. Cette certitude les amène à pousser leurs enfants à prendre au sérieux le travail scolaire. Et, bien évidemment, les enseignants maîtrisent mieux que d'autres les attentes du système

---

18. Annie Da Costa Lasne, *La singulière réussite scolaire des enfants d'enseignants : des pratiques parentales spécifiques ?*, thèse en sciences de l'éducation, IREDU, Université de Bourgogne, 2012.
19. En 2010, les enfants d'enseignants sont 96,8 % à obtenir le brevet contre 95,3 % des enfants de cadres et 78 % des enfants d'ouvriers (chiffres cités par Annie Da Costa Lasne, *op. cit.*).

éducatif, ses codes, ses rouages et peuvent ainsi mieux y diriger leurs enfants.

Cet état de fait renvoie au lien, fort dans notre pays, entre inégalités sociales et inégalités scolaires démontré par toutes les études, y compris les évaluations PISA [20]. Il prouve combien il est nécessaire d'améliorer la prise en charge de tous les élèves de l'école maternelle jusqu'à l'enseignement supérieur pour permettre à chacun d'y réussir.

20. Le PISA (Programme international pour le suivi des acquis des élèves) est un ensemble d'études menées par l'OCDE et visant à mesurer les performances du système éducatif.

Sur le rôle de la fonction publique et du secteur public

34 *« Le secteur privé est plus efficace que le secteur public parce qu'il est moins bureaucratique et parce qu'il est stimulé par la concurrence. »*

▶ **L'efficacité doit se mesurer au regard des attentes spécifiques vis-à-vis de chacun des secteurs. Au cœur des missions du service public il y a l'intérêt général, ce qui n'est pas le cas des entreprises privées.**

Opposer le secteur public, supposé inadapté et bureaucratique, au secteur privé, supposé moderne et efficace, est une façon de faire croire que le marché et « sa main invisible » seraient capables de répondre à tous les problèmes qui se posent dans la société. Selon la thèse ultralibérale, moins il y aurait de service public, en situation de monopole, mieux la société parviendrait à satisfaire ses besoins au meilleur prix.

Ce discours est un leurre. La satisfaction des besoins humains essentiels, qui sont autant de droits, comme l'éducation, la santé, le logement, l'accès à l'eau, à l'énergie, à la culture et à l'information, laissée au libre jeu du marché génère des inégalités insupportables – inégalités financières, inégalités territoriales –, voire des discriminations. De même l'entreprise privée ne peut garantir la pérennité du service rendu : si l'entreprise disparaît ou se restructure, le service peut être interrompu ou profondément modifié. Enfin, les enjeux environnementaux nécessitent une action politique déterminée dont la mise en œuvre soit maîtrisée. Par ailleurs, comme le montre la hausse continue des prix du gaz et de l'électricité depuis la libéralisation du marché de l'énergie en Europe, il n'est pas prouvé qu'il suffise de soumettre l'achat d'un bien à la concurrence pour que le consommateur soit systématiquement gagnant.

L'existence de services publics, qu'ils relèvent de l'État ou des collectivités territoriales, a avant tout pour but de permettre l'accès de tous aux biens essentiels et aux droits fondamentaux : elle obéit à une logique de correction des inégalités, mais aussi de pérennité et d'adaptabilité : les services rendus doivent l'être sur tout le territoire et sur la durée sans distinction ni discrimination et doivent s'adapter aux besoins et aux usagers pour garantir effectivement une égale qualité. Ils doivent également s'inscrire dans des logiques de long terme. Sans logements sociaux, sans infrastructures de transports (routes, métro, chemins de fer, voies navigables, aéroports), sans écoles gratuites, sans bibliothèques publiques, la France n'aurait pas connu le développement que l'on constate depuis cinquante ans. Quant à la bureaucratie, ce travers de toutes les administrations, elle existe dans le secteur privé comme dans le secteur public. Seule l'intervention des personnels et des usagers peut contribuer à la réduire en obtenant plus d'informations et en intervenant davantage dans la prise de décision.

Affirmer cela ne signifie pas que tous les biens et services nécessaires à la société doivent être produits par l'État ou les collectivités : la question qui doit être traitée par un débat démocratique est celle du rôle respectif des pouvoirs publics et de l'initiative privée dans la production de biens et de services répondant sur le long terme aux besoins de la société.

35 *« Le secteur public est moins innovant que le secteur privé parce qu'il n'a pas la préoccupation de trouver de nouveaux profits. »*

▶ L'innovation n'est pas le monopole du secteur privé.

Il suffit de regarder autour de soi pour voir que l'on est désormais très loin des fonctionnaires à manches de lustrine de l'époque de Courteline. Ainsi, l'administration a su prendre le tournant de la révolution informatique : la dématérialisation des déclarations d'impôts qui a de plus en plus de succès le montre bien. De même, elle est en train de développer ce qu'on appelle l'*open data*, c'est-à-dire la mise à disposition de tous *via* Internet de l'ensemble des données publiques. Par ailleurs, les hôpitaux publics tout comme la recherche publique, sont les lieux où l'on trouve les installations les plus en pointe.

Mais, plus généralement, croit-on que les services publics auraient pu faire face aux besoins issus de l'évolution de la société sans évoluer ni innover ? Le service public d'éducation n'aurait pas pu multiplier par trois le pourcentage d'une classe d'âge accédant au baccalauréat sans faire évoluer profondément ses méthodes (voir l'idée fausse n° 26).

Au-delà des réformes qui sont récurrentes et ne sont pas forcément synonymes d'innovations, les personnels de la fonction publique font souvent preuve d'inventivité quand ils sont placés devant les situations nouvelles vécues par les populations pour lesquelles ils travaillent. Ainsi, dans l'Éducation nationale, afin de réduire les inégalités sociales, des professeurs construisent des projets pédagogiques qui valorisent le travail collectif et l'entraide, mettent en place des rencontres qui renforcent le dialogue avec les parents. À Pôle emploi, devant l'aggravation des conditions d'accueil, des salariés prennent plus de temps que les consignes leur ordonnent pour écouter les demandeurs d'emploi et faciliter leurs démarches en valorisant un accompagnement sur la durée. Ils développent des stratégies innovantes (travail en équipe, mutualisation, développement de banques de données donnant accès à plus d'informations, etc.).

Comme on le voit à travers ces exemples, la recherche de profit n'est pas la seule motivation de l'activité humaine. Dans le privé comme dans le public, les personnels sont attachés à la notion de travail bien fait. Remplir sa mission est source de satisfaction. Certes, il reste encore beaucoup à faire au sein du service public pour répondre à des besoins multiples mais, plutôt que d'imposer des restrictions budgétaires de façon autoritaire, il est possible de favoriser le renouvellement des pratiques et l'inventivité en offrant une formation aux équipes et en leur donnant du temps pour débattre, analyser et proposer, afin de mieux répondre aux défis humains, sociaux, économiques et écologiques de notre société.

36 *« L'État ne doit plus se mêler de tout. Il n'est pas compétent dans nombre de domaines comme la banque et l'économie. »*

▶ L'intervention de l'État lors de la crise de 2008 a pourtant démontré le contraire.

L'État et les collectivités territoriales sont des acteurs importants de la vie économique et sociale. Ainsi, en France, la quasi-totalité des infrastructures sont réalisées sous la responsabilité et avec le financement de l'État et des collectivités territoriales, ces dernières assurant aujourd'hui la grande majorité des investissements d'équipements. Cela signifie que des fonctionnaires pilotent des projets économiques de grande envergure faisant appel à des entreprises privées. Par ailleurs, sur le plan bancaire, le rôle de l'État est double. D'une part il a la responsabilité de fixer des règles à l'ensemble des sociétés de ce secteur et de contrôler leur activité. D'autre part, pour ce qui relève des investissements d'intérêt général, il a la légitimité de développer sa propre activité bancaire, ce qu'il fait pour partie avec la Caisse des dépôts et consignations et la Banque publique d'investissement. Cette dernière entité a pour mission de faciliter le financement de l'investissement des entreprises et de renforcer ainsi le tissu industriel du pays. L'État est donc compétent pour agir dans ce domaine.

Il est d'ailleurs étonnant d'entendre à ce sujet les tenants du néolibéralisme dénoncer l'amateurisme des États en la matière et de vanter à l'inverse l'extrême compétence des banques privées. La crise financière de 2008 a pourtant démontré le contraire. Devant la menace d'une faillite généralisée du système bancaire mondial, les États ont prêté plusieurs milliers de milliards d'euros aux banques. Sans cette aide étatique, et donc sans les contribuables, ces sociétés privées lancées dans des activités spéculatives à haut risque n'existeraient plus ! C'est pour cette raison qu'en démocratie les citoyens et leurs représentants doivent se mêler de tout, y compris des questions financières, et définir des règles qui permettent aux banques de limiter les risques qu'elles prennent avec l'argent des déposants.

37 *« L'administration française est trop tatillonne et trop procédurière. Elle décourage l'initiative. »*

▶ **Ces contrôles n'ont pas pour but de décourager l'initiative privée mais d'insérer celle-ci dans le respect des règles nécessaires à une vie en commun.**

Certes, il y a certainement encore des efforts à faire, un certain nombre de procédures et d'actes administratifs à simplifier pour éviter une multiplication de démarches identiques, notamment entre les différentes collectivités territoriales, et pour les simplifier, particulièrement avec l'outil technologique qu'est Internet.

Il ne faudrait pas déduire de ce constat que l'absence de règles et de contrôles de l'administration serait profitable à la société. Règles et contrôles servent notamment à protéger les consommateurs : par exemple pour garantir l'hygiène des repas servis dans les restaurants, il faut des inspecteurs qui agissent au sein de la Direction générale de la concurrence et de la répression des fraudes. Ils visent également à éviter les fraudes et les injustices que celles-ci peuvent générer : pour lutter contre l'évasion fiscale, il faut des services de contrôle et des fonctionnaires compétents. De même, il importe que l'on vérifie que les subventions publiques soient employées à bon escient et non détournées : c'est un des fondements de la démocratie que le droit des citoyens à connaître l'usage qui est fait de l'argent public.

Enfin il ne faut pas oublier également que règles et contrôles sont essentiels pour que le jeu de la concurrence ne soit pas faussé et que les entreprises privées puissent exercer librement leur activité dans un contexte d'équité, par exemple en empêchant que certaines ne profitent d'une situation de monopole ou ne vendent frauduleusement pour éliminer la concurrence.

38 *« Les contrôles incessants des inspecteurs du travail empêchent les entreprises de travailler. »*

▶ Le respect des normes sociales n'est pas l'ennemi de l'efficacité économique mais sa condition.

Les inspecteurs du travail ont la tâche ingrate de vérifier que les entreprises respectent bien la réglementation sur le temps de travail, l'hygiène, la sécurité de leurs salariés. Faire respecter ces règles sociales est nécessaire pour préserver la santé des salariés et contribue à mettre les entreprises sur un pied d'égalité dans ce domaine. Ce travail de contrôle permet, contrairement à ce qui se passe dans d'autres pays, de lutter contre le copinage, les passe-droits, l'engrenage de la corruption et du travail clandestin générateur de précarité sociale. Si l'inspection du travail comme le contrôle sanitaire sont bienvenus, il faut néanmoins souligner le trop faible nombre de fonctionnaires qui y est affecté : en 2012, 2 236 agents de contrôle[1] (– 20 par rapport à 2011) sont chargés de contrôler les situations de travail de 18,3 millions de salariés[2] répartis dans 1,82 million d'entreprises assujetties au contrôle de l'inspection du travail[3].

39 *« Les normes alimentaires et sanitaires imposées par l'État sont excessives. »*

▶ **Chaque crise sanitaire (vache folle, lasagnes à la viande de cheval) nous rappelle l'importance de ces contrôles.**

Les normes alimentaires et sanitaires sont nécessaires pour protéger la santé des citoyens. C'est l'application progressive de ces dispositifs combinés à l'instauration d'un système de santé qui ont, entre

---

1. Rapport 2011 sur l'inspection du travail en France, http://travail-emploi.gouv.fr/IMG/pdf/Rapport_IT_2011_sans_table.pdf (consulté en juin 2014).
2. L'Insee chiffre à 23,7 millions le nombre d'emplois salariés en 2012 ; si l'on retranche les effectifs de la fonction publique, on parvient bien à environ 18 millions. http://www.insee.fr/fr/themes/tableau.asp?ref_id=natnon03146 (consulté en juin 2014).
3. Source : Insee, http://www.insee.fr/fr/themes/tableau.asp?ref_id=NATTEF09203 (consulté en juin 2014).

autres, permis l'augmentation spectaculaire de l'espérance de vie de trente-cinq ans en France entre 1900 et 1999. Ces normes devraient encore se renforcer, en ce qui concerne par exemple le contenu des aliments et les substances chimiques présentes dans l'environnement quotidien. En effet, ce ne sont plus les maladies infectieuses qui prédominent dans les causes de décès mais les maladies chroniques dues à l'environnement de travail et de vie (cardiopathies, accidents vasculaires cérébraux, cancers, affections respiratoires). Elles sont désormais à elles seules responsables des deux tiers des décès dans le monde. Cela signifie que les normes encadrant la qualité de l'air, celles des aliments et plus généralement les milieux de vie et de travail dans lequel nous évoluons doivent s'adapter aux nouveaux risques pour protéger la santé des citoyens. L'existence d'un haut niveau de normes sanitaires, alimentaires et environnementales est la condition de la qualité et de la notoriété des produits français.

40 *« Les fonctionnaires ne sont pas à l'écoute des usagers. »*

▶ **L'écoute des usagers fait partie du métier de beaucoup de fonctionnaires, mais ils ne peuvent pas tout. Employeurs, personnels et usagers devraient davantage se concerter pour améliorer le fonctionnement des services publics dans ce domaine.**

On ne peut pas dire que les fonctionnaires n'écoutent pas les usagers. C'est justement une grande partie de leur travail et l'une de leurs préoccupations majeures. Et c'est même bien souvent pour cela qu'ils ont choisi les métiers du service public.

La fonction publique est au cœur des problématiques économiques et sociales. Par ricochet, elle est au cœur des tensions qui traversent la société et conditionnent la vie des usagers. Il faut savoir en outre que les fonctionnaires n'ont pas le pouvoir d'outrepasser la loi en accédant de leur propre initiative à toute demande des citoyens. Ils sont tenus d'appliquer les dispositions législatives votées par le Parlement et mises en œuvre par le gouvernement.

Ces éléments expliquent que les usagers (chômeurs, patients, parents d'élèves...) peuvent être déçus des réponses qui leur sont données alors que leur situation est parfois difficile et que leurs attentes sont fortes. Attendre un appartement alors que l'insuffisance de logements sociaux est chronique, postuler à un emploi quand vingt autres personnes le convoitent, vouloir que son enfant réussisse alors que l'un de ses professeurs n'est pas remplacé... toutes ces attentes sont exprimées aux fonctionnaires par les usagers.

Les conditions ne sont pas toujours réunies pour que ces rencontres se déroulent dans de bonnes conditions. Les personnels sont d'ailleurs souvent les premiers à dénoncer les situations subies par les usagers qu'ils accueillent ! Mais lorsqu'ils travaillent, qu'ils reçoivent ces usagers, les fonctionnaires sont bien obligés de faire avec les conditions qui leur sont imposées...

Il y a donc encore beaucoup d'améliorations à apporter pour que cette écoute se fasse dans de bonnes conditions.

Ce qui manque, ce sont surtout des lieux institutionnels où, ensemble, employeur, personnels et usagers puissent échanger et travailler à améliorer le fonctionnement des services publics. Cela existe, même si c'est perfectible, dans l'Éducation nationale par exemple, avec les conseils départementaux de l'Éducation nationale (CDEN) où élus, représentants de l'Éducation nationale, des enseignants et des usagers peuvent s'écouter, se concerter et agir pour améliorer l'école. Pourquoi ne pas envisager des dispositifs analogues dans d'autres secteurs et à tous les niveaux de décentralisation ?

41 *« Depuis la loi de décentralisation de 1982, les collectivités territoriales n'ont cessé de s'endetter sur le dos des contribuables. »*

▶ Les services publics territoriaux ne sont pas d'abord une charge mais une chance.

Ils jouent aujourd'hui un rôle d'amortisseur indispensable en raison des multiples compétences que leur a transféré l'État depuis 1982. Ce rôle, reconnu par tous les observateurs lors de la crise économique et sociale de 2008, est primordial pour la cohésion sociale et la réduction des inégalités. À l'image notamment des départements qui gèrent les services de l'aide sociale à l'enfance, les maisons départementales des personnes handicapées qui sont chargées de l'accueil et de l'accompagnement des personnes handicapées et de leurs proches, le fonds de solidarité pour le logement, mais également l'allocation pour les personnes âgées, le revenu de solidarité active, la construction, l'entretien et l'équipement des collèges, etc. Ces actions, sans être parfaites, montrent l'utilité de services proches du terrain et, en particulier, des lieux de vie des personnes, et notamment des plus fragiles.

Or, on parle aujourd'hui de faire disparaître les départements, de fusionner des régions, de construire de grandes métropoles... Croit-on vraiment que le transfert d'actions, par exemple des départements aux régions, elles-mêmes fusionnées, va permettre plus d'efficacité ? En réalité, cette manière de voir participe d'une vision technocratique de l'administration et des services publics qui contribue à en éloigner les citoyens.

Une réforme de l'organisation territoriale implique de partir des besoins sociaux à satisfaire et des missions à assurer au mieux dans l'intérêt des usagers et de l'égalité de tous sur le niveau territorial le plus pertinent. Les décisions devront répondre ainsi aux attentes des citoyens en matière d'accès à des services publics de qualité sur l'ensemble du territoire (éducation, santé, justice, culture, sécurité, logement, transport, emploi...) et de réduction des inégalités sociales et territoriales, et ce dans le respect impératif d'un développement durable.

Aujourd'hui il est question de changements de niveaux de gestion et d'une nouvelle répartition des compétences des collectivités locales alors même qu'il est prévu une baisse de la dotation générale de fonctionnement mettant en péril leurs différentes interventions. Les paramètres à prendre en compte pour modifier la carte des territoires n'ont jamais fait l'objet d'un réel débat démocratique avant que des décisions soient prises.

Il est urgent que tous les citoyens puissent se saisir de cette question.

42 *« Les collectivités territoriales françaises ont tendance à être dépensières. »*

▶ **Le désengagement de l'État ces dernières années a conduit des collectivités à engager des actions et des investissements sans que les dépenses afférentes ne soient compensées.**

Depuis la première loi de décentralisation de 1982 (voir l'idée fausse n° 1), les collectivités territoriales ont dû absorber les missions que l'État a décidé de ne plus assumer directement : gestion des collèges et lycées, distribution de l'aide sociale, entretien des routes, protection maternelle et infantile, accueil de la petite enfance... Aujourd'hui, les collectivités locales participent à hauteur de 73 % dans les investissements publics en matière d'équipements collectifs indispensables à la vie économique et sociale des entreprises, des citoyens et des territoires, contre seulement 27 % pour l'État. En matière de culture, par exemple, elles dépensent deux fois plus que l'État (théâtres, écoles de musique, écoles d'art plastiques...). En 2011, l'endettement des administrations publiques locales représente l'équivalent de 8,3 points du produit intérieur brut, celui de l'État s'élève, lui, à 66,7 points. L'endettement des différents niveaux de collectivités est par ailleurs différent, en fonction de leur intervention dans les différentes compétences, notamment en matière d'investissements. *« L'endettement des différents niveaux de collectivités est par ailleurs différent, en fonction de leur intervention dans les différentes compétences, notamment en matière d'investissements. En 2012, les annuités de la dette (capital + intérêt) comparées aux recettes de fonctionnement représentent 10,3 % pour les communes (7,1 % pour les groupements de communes à fiscalité propre) ; 6,9 % pour les départements ; 11,5 % pour les régions*[4]. »

En outre, les collectivités territoriales réalisent parfois des investissements qui devraient relever de l'État : équipements sportifs, infrastructures routières... Ces dépenses sont bien des investissements indispensables aux usagers mais aussi au développement des secteurs d'activité comme l'industrie. Et le désengagement de l'État ces dernières années a conduit des collectivités, dans l'intérêt des populations, à engager des actions et des dépenses non compensées par une aide de l'État.

Une nouvelle loi de décentralisation doit donc intégrer la question des financements, de la fiscalité territoriale, ainsi que celle des inégalités entre les territoires et des moyens qu'il convient de se donner pour les réduire. *Quid*, par exemple, de la mise en place d'une péréquation assurant une solidarité financière visant à réduire les écarts de richesse, et donc les inégalités, entre les différentes collectivités territoriales ?

Le glissement, prévu dans le projet de loi, vers le développement de partenariats public-privé, vers la délégation de gestion d'équipements publics à des entreprises ou associations risque de provoquer une nouvelle vague de privatisations des services publics. Le contrôle public des usagers comme des personnels sur l'exercice de ces missions serait alors quasiment nul.

---

4. Observatoire des finances locales, *Les finances des collectivités locales en 2013. État des lieux*, p. 28.

Sur les finances publiques

43 *« On paie de plus en plus d'impôts à cause de l'augmentation du nombre de fonctionnaires. »*

▶ **En trente ans, l'augmentation des rémunérations des fonctionnaires en points de PIB est très faible. Ce sont les exonérations fiscales et la fraude fiscale qui grèvent le budget de l'État et provoquent les hausses d'impôt.**

Pour déterminer si les impôts augmentent à cause du nombre de fonctionnaires, il convient de regarder la part du PIB consacré aux rémunérations dans les dépenses publiques de l'État, des organismes divers d'administration centrale (ODAC) [1] et des collectivités territoriales.

---

1. *« Dans les comptes nationaux, les organismes divers d'administration centrale (ODAC) regroupent des organismes auxquels l'État a donné une compétence fonctionnelle spécialisée au niveau national. Contrôlés et financés majoritairement par l'État, ces organismes ont une activité principalement non marchande. Le Centre national de la recherche scientifique (CNRS), le Commissariat à l'énergie atomique (CEA), Météo France ou l'Institut national de la santé et de la recherche médicale (Inserm) sont des ODAC. Le plus souvent, les ODAC sont des opérateurs de l'État. »* Insee, http://www.insee.fr/fr/methodes/default.asp?page=definitions/odac.htm (consulté en juin 2014).

Concernant l'État, en 1978, les rémunérations représentaient 7,2 points de PIB. En 2000, elles ne représentent plus que 6,9 points de PIB, et, en 2011, 5,8[2].

Et, pour les collectivités territoriales et les organismes publics qui en dépendent, les dépenses de rémunérations s'élevaient à 1,8 point de PIB en 1978, à 2,9 en 2000 et à 3,5 en 2011[3].

Au total donc, en 1978, 9 points de PIB étaient affectés aux rémunérations des agents publics sur le périmètre État et administrations locales, 9,8 points en 2000 et 9,3 en 2011, soit une augmentation de 0,3 point sur une période de trente-trois ans, avec une tendance à la baisse ces dernières années (stagnation pour les collectivités locales et baisse pour l'État), conséquence des politiques de réduction de l'emploi public.

Les dépenses totales des ODAC, compte tenu des réorganisations de l'administration et de la création d'établissements publics pour assumer certaines missions de service public, représentaient 3,3 points de PIB en 1978, 3,2 en 2000 et 4,0 en 2011[4]. À titre d'illustration, la part de ces dépenses affectées aux rémunérations dans ces ODAC était de 21,5 %, soit 0,86 point de PIB, en 2011[5]. La part des ODAC dans la dépense publique totale de rémunération est relativement stable

---

2. Ministère des Finances et des Comptes publics, *Rapport économique, social et financier pour 2014*, tome II, annexe statistique, p. 60, http://www.economie.gouv.fr/rapport-economique-social-et-financier-plf2014 (consulté en juin 2014).
3. *Ibid.*
4. *Ibid.*
5. Calcul réalisé par la FSU, d'après les données du ministère de l'Économie et des Finances, *Rapport sur la dépense publique et son*

jusqu'en 2008, après avoir fortement décru entre 1985 et 1986 (au profit de la part de l'État). Elle augmente de nouveau légèrement à partir de 2008, conséquence notamment de l'autonomie des universités et du transfert de leur masse salariale sur leurs budgets propres[6].

Les dépenses de rémunération des hôpitaux dans la dépense publique totale sont relativement stables entre 2000 et 2011[7].

Le fait que la majorité des salariés paient de plus en plus d'impôts tient bien davantage à l'évasion fiscale, à la multiplication des exonérations à travers les niches fiscales (voir les idées fausses n° 47 et 62), à la légitimité discutable d'une partie du service de la dette, ainsi qu'à des politiques fiscales qui n'ont pas résorbé nombre d'inégalités devant l'impôt. Le débat sur la réforme fiscale reste donc ouvert !

44 *« Au vu de la situation économique de la France, il est normal que tout le monde, y compris les fonctionnaires, fasse des sacrifices. »*

Ni les agents de la fonction publique, ni les salariés du privé n'ont à payer pour financer les conséquences d'une crise qu'ils n'ont pas déclenchée.

évolution, projet de loi de finances pour 2013, p. 37, http://www.tresor.economie.gouv.fr/File/377630 (consulté en juin 2014).
6. Ministère de l'Économie et des Finances, *Rapport sur la dépense publique et son évolution*, *op. cit.*, p. 17.
7. *Ibid.*

Désigner la dépense publique parmi les causes de la crise relève de l'amnésie. On a en effet trop vite oublié qu'en 2008 ce sont les outrances de la financiarisation de l'économie qui ont déclenché une dépression économique et sociale sans précédent depuis 1929. Le système financier, sauvé par le concours des États, s'est ensuite retourné contre eux en les sommant de réduire leurs dépenses. Le souvenir de ce tour de passe-passe est nécessaire pour examiner l'utilité supposée des sacrifices demandés aux salariés et aux agents de la fonction publique.

Les premiers à faire des sacrifices sont les salariés, du secteur public comme du secteur privé. Ces derniers subissent de plein fouet les effets de la crise à travers les mesures limitant la production sous les effets de la crise (chômage partiel, modération salariale, licenciements...). Les agents publics sont touchés aussi par les mesures d'austérité salariale, dont le gel de la valeur du point d'indice (voir l'idée fausse n° 9) est la plus emblématique, mais également par les tassements successifs des grilles de rémunération depuis des années.

La perte sur le traitement net (hors primes), depuis 2000, au regard de l'évolution de l'indice des prix à la consommation hors tabac est de 16 %, soit près de deux mois de traitement[8].

Or, durant la même période (de crise !), les dividendes versés aux actionnaires des entreprises du CAC 40 grèvent l'économie. En 2008, ils totalisent 54,2 milliards

8. Calcul réalisé par la FSU, d'après l'indice des prix à la consommation hors tabac établi par l'Insee.

d'euros[9]. En 2010, 35 milliards d'euros ont ainsi été distribués[10]. En 2010, encore 40 milliards[11] ! Et en 2013, 36,8 milliards versés aux actionnaires[12].

La crise vient de ce que les investisseurs visent une rentabilité annuelle de 15 % ; d'après une étude universitaire[13], le surcoût imposé à tout projet d'investissement est de l'ordre de 50 à 70 %. C'est donc la rémunération excessive du capital qui pose problème : ainsi « *la part des dividendes versés aux actionnaires dans la valeur ajoutée des sociétés non financières est passée de 5 % au milieu des années 1980 à 24 % aujourd'hui*[14] ». La sortie de crise passe non pas par des sacrifices imposés à la population salariée ou privée d'emploi, mais par la contestation des exigences exorbitantes des financiers.

---

9. Marina Alcaraz, http://www.lesechos.fr/13/02/2009/LesEchos/20363-130-ECH_les-entreprises-du-cac-40-ont-verse-en-2008-54-2-milliards-d-euros-a-leurs-actionnaires.htm (consulté en juin 2014).
10. Mathilde Golla, http://www.lefigaro.fr/societes/2011/01/07/04015-20110107ARTFIG00335-les-dividendes-devraient-battre-des-records-en-2010.php (consulté en juin 2014).
11. Anne Bodescot, http://www.lefigaro.fr/marches/2011/02/21/04003-20110221ARTFIG00629-les-dividendes-du-cac-40-battent-des-records.php (consulté en juin 2014).
12. http://bourse.lesechos.fr/infos-conseils-boursiers/infos-conseils-valeurs/infos/les-societes-francaises-ont-verse-36-8-milliards-d-euros-de-dividendes-pour-2013-etude-953484.php (consulté en juin 2014).
13. Étude réalisée en 2013 par des économistes du Centre lillois d'études et de recherches sociologiques et économiques (Clersé). *Cf.* l'article de Laurent Cordonnier, « Coût du capital, la question qui change tout », *Le Monde diplomatique*, juillet 2013.
14. Nasser Mansouri-Guilani, « Surmonter l'obstacle de la finance », *in Pour quoi nous travaillons ?*, Ivry-sur-Seine, / Montreuil, Les Éditions de l'Atelier/VO Éditions, p. 90.

45 *« Aider financièrement les entreprises à être compétitives est plus efficace que dépenser toujours plus pour l'État et les collectivités territoriales. »*

▶ Réduire les financements de l'action des collectivités publiques sous prétexte d'augmenter les aides aux entreprises fait perdre de vue l'intérêt général.

L'action des services publics, à commencer par ceux assumés par l'État et les collectivités territoriales, parce qu'elle garantit l'accès aux droits élémentaires pour toutes et tous, parce qu'elle permet de répondre à des besoins sociaux élémentaires, participe aussi de la compétitivité de la France et donc des entreprises qui y sont installées. Elle en est même une condition indispensable.

Comment les entreprises pourraient-elles, par exemple, recruter des salariés formés s'il n'y avait pas d'investissement dans le système éducatif, aussi bien dans l'enseignement scolaire que dans le supérieur ? Comment pourraient-elles recruter des salariés si ceux-ci ne pouvaient utiliser des réseaux de transport collectif efficaces ou, mieux, se loger à proximité de leurs lieux de travail[15] ? Comment le réseau routier continuerait-il de fonctionner sans les services de l'équipement des départements chargés de l'entretenir ?

La fonction publique et les services publics agissent dans l'intérêt général. Affirmer qu'il vaut mieux aider

---

15. Car c'est bien un enjeu de la transition écologique que de réduire les déplacements quotidiens.

financièrement les entreprises et réduire les moyens de l'action publique revient à considérer que l'investissement au profit d'intérêts économiques privés suffirait à construire une société cohérente et créatrice de richesses au bénéfice de tous. Or, le marché ne crée pas de lui-même cette redistribution, et de moins en moins d'entreprises privées se préoccupent d'investissements à long terme dans leurs domaines d'intervention.

46 *« Les salaires des fonctionnaires progressent mécaniquement sans qu'on tienne compte de l'efficacité du travail des intéressés. »*

▶ **Pas si simple ! Les fonctionnaires sont évalués. La progression de leur rémunération tient compte de la qualité de leur travail.**

Une part de la rémunération, notamment la progression d'échelon, se fait à l'ancienneté. C'est aussi l'une des raisons pour lesquelles les salaires de début de carrière, à niveau de qualification égale, sont bien souvent inférieurs dans le public à ceux pratiqués par les grandes entreprises du secteur privé. À titre d'exemple, le salaire de début de carrière d'un enseignant est de 1,12 SMIC alors qu'à niveau de diplôme égal un ingénieur gagnera deux fois plus dans une entreprise privée[16].

---

16. Le salaire moyen au niveau master 2 est de 39 159 euros (annuel brut), http://www.lejustesalaire.com (consulté en juin 2014).

Toutefois, en fonction de la valeur professionnelle des agents, ceux-ci peuvent avoir des progressions de carrière différenciées : le passage d'échelon est plus ou moins rapide ; l'avancement de grade en dépend également ; la promotion de corps se fait soit par concours, soit par appréciation de l'aptitude, donc en fonction de la valeur professionnelle et de la manière de servir de l'agent.

Les fonctionnaires sont ainsi régulièrement évalués, notamment par le biais de l'entretien professionnel annuel, à partir d'objectifs qui leur ont été assignés. Le résultat de cette évaluation intervient dans tous les actes relatifs au déroulement de carrière du fonctionnaire. Mais il intervient également dans la réévaluation régulière du montant de certaines indemnités comme la prime de fonctions et de résultats, ou celle, appelée à la remplacer en 2015, dénommée l'indemnité de fonctions, de sujétions, d'expertise et d'engagement professionnel.

47 *« L'augmentation du nombre de fonctionnaires est la principale cause de l'endettement de l'État. »*

▶ L'endettement de l'État est dû essentiellement aux manques à gagner des recettes fiscales.

Si l'on prend l'ensemble des trois versants de la fonction publique, le nombre de fonctionnaires augmente légèrement (voir l'idée fausse n° 1), mais il ne saurait expliquer l'endettement de l'État et des collectivités territoriales.

L'endettement de l'État et des collectivités territoriales a donc d'autres causes.

Les collectivités territoriales, bien que leurs budgets soient souvent proches de l'équilibre, ont dû gérer par ailleurs les conséquences du transfert de charges (voir l'idée fausse n° 1) lié aux délégations de missions de l'État, et procéder à des investissements publics de plus en plus importants. Pour financer ces actions, elles ont souvent eu recours à des emprunts dits « structurés », en fait des prêts toxiques, proposés par des sociétés financières. Les taux d'intérêt, d'abord présentés comme attractifs, sont devenus très vite si prohibitifs qu'ils ont avalé l'essentiel du remboursement de la dette.

Et l'État n'a pas non plus fait preuve d'une grande clairvoyance en contractant des dettes, notamment dans les années 1990, avec la politique du « franc fort », destinée à faciliter le passage à l'euro... D'après le Collectif pour un audit citoyen de la dette publique (CAC), 59 % de la dette publique résultent de la conséquence de choix fiscaux favorables aux plus riches, de politiques de réductions des recettes et de la décision d'emprunter sur des marchés financiers à des taux d'intérêt excessifs [17], ce qui alourdit ce qu'on appelle le service de la dette.

Bref, la dette nourrit la créance, et les niches fiscales offertes à quelques-uns contraignent à augmenter les impôts de beaucoup...

---

17. CAC, *Que faire de la dette ? Un audit de la dette publique de la France*, mai 2014, http://www.audit-citoyen.org/wp-content/uploads/2014/05/note-dette.pdf (consulté en juin 2014).

48 *« La construction des bâtiments publics aux frais des entreprises privées permet à l'Etat de faire des économies. »*

▶ **Faux ! Les « partenariats public-privé » (PPP) sont d'abord des placements rémunérateurs pour les entreprises privées : au-delà du coût propre de l'investissement, elles s'assurent un bénéfice en retour sur ce dernier.**

Le contrat de partenariat, selon la terminologie juridique exacte, est institué par l'ordonnance du 17 juin 2004. Celle-ci stipule en effet dans son article 1 que : « *Les contrats de partenariat sont des contrats administratifs par lesquels l'État* [...] *confie à un tiers,* [...] *une mission globale relative au financement d'investissements* [...] *à la construction ou transformation des ouvrages* [...] *ainsi qu'à leur entretien, leur maintenance, leur exploitation ou leur gestion* [...]. *La rémunération du cocontractant fait l'objet d'un paiement par la personne publique pendant toute la durée du contrat.* »

Si, à très court terme, les PPP permettent de réaliser des ouvrages sans effet immédiat pour les finances publiques, ils représentent un vrai risque sur le long terme, car ils engagent des dépenses dont le montant n'est pas garanti sur la durée... Et d'ailleurs, les grandes entreprises de bâtiment-travaux publics ne s'y sont pas trompées.

Ainsi, l'hôpital d'Évry ouvre en 2012 dans le cadre d'un PPP conclu en 2006. Le projet est conclu pour un montant de 344 millions d'euros et pour une location qui doit durer trente ans. Le groupe de BTP cocontractant réclame une rallonge de 100 millions au motif des modifications apportées au projet initial tandis que la direction de l'hôpital dénonce quelque 8 000 malfaçons et prend conscience du coût exorbitant du loyer final : évalué à 29 millions à la signature du contrat, il aurait été finalement de 43 millions par an. Dans ce cas précis, le contrat a pu être dénoncé. Mais un rapport de la chambre régionale des comptes a tout de même souligné qu'une maîtrise publique de l'ouvrage aurait permis une économie de 500 millions d'euros [18].

Autre exemple avec la mise en œuvre de l'écotaxe. Le gouvernement de François Fillon avait conclu un PPP en 2011 pour onze ans et demi avec la société Écomouv' ! Une première ! Pour ne pas débourser immédiatement 1 milliard d'euros d'investissement, l'État a accepté de payer une redevance bien supérieure à ce que lui aurait coûté la collecte de cette taxe par ses propres services : 250 millions par an pour des rentrées évaluées à 1,15 milliard annuel !

Les exemples de coûts exorbitants des PPP ne manquent pas : citons le grand stade de Lille qui a doublé l'endettement de Lille-Métropole, ou un certain nombre

---

18. Bruno Piriou, http://www.lemonde.fr/idees/article/2011/10/07/l-echec-du-partenariat-public-prive-au-centre-hospitalier-sud-francilien_1583220_3232.html ; Bertrand Bissuel, Laetitia Clavreul, http://www.lemonde.fr/societe/article/2014/03/31/eiffage-et-l-hopital-sud-francilien-recit-d-un-divorce_4392867_3224.html (consultés en juin 2014).

de nouvelles prisons qui ont accru l'endettement de l'État et dont les loyers vont peser lourdement des années durant sur les comptes publics[19].

49 *« Les impôts des contribuables financent le déficit des régimes de retraite des fonctionnaires. »*

▶ **Les régimes de retraite des fonctionnaires qui sont excédentaires servent au contraire à combler d'autres régimes déficitaires.**

Les salaires et les pensions des fonctionnaires de l'État sont payés par le budget de l'État. La Cour des comptes estime que le programme budgétaire créé pour le versement des pensions des retraites aux militaires et aux fonctionnaires de l'État est excédentaire de 204 millions d'euros en 2013[20]. Les fonctionnaires territoriaux et hospitaliers sont affiliés à la Caisse nationale de retraite des collectivités locales, la CNRACL. Cette caisse est elle aussi excédentaire : en 2012, la CNRACL a reçu 16,9 milliards d'euros de cotisations et versé 15,9 milliards d'euros de prestations[21].

---

19. Thomas Guilbert, http://leplus.nouvelobs.com/contribution/802797-stades-prisons-hopitaux-dangers-et-derives-des-partenariats-public-prive.html (consulté en juin 2014).
20. Cour des comptes, *Analyse de l'exécution du budget de l'État par mission et par programme, exercice 2013*, mai 2014.
21. Chiffres clés de la CNRACL, données au 31 décembre 2012, http://www.cdc.retraites.fr/portail/spip.php?page=article&id_article=8351 (consulté en juin 2014).

Les agents non titulaires de la fonction publique cotisent au régime général de la Sécurité sociale.

Parmi les caisses déficitaires, on peut citer celle des mines, puisqu'il n'y a plus de mineur en activité ; celle des exploitants agricoles puisque le nombre d'agriculteurs n'a cessé de diminuer dans le pays au cours des dernières décennies. Pour l'équilibre des caisses de retraite, il est procédé à des transferts de ressources des caisses excédentaires vers les caisses déficitaires : c'est la compensation démographique[22]. À ce titre, les régimes de retraite des fonctionnaires font partie de ceux qui versent une contribution à l'équilibre d'autres régimes.

Le Conseil d'orientation des retraites estime que « *en 2011, la compensation a représenté une ressource importante pour le régime des non-salariés agricoles (3,7 milliards d'euros) ou encore le régime des artisans et commerçants (1,2 milliard d'euros). Elle a à l'inverse représenté une dépense pour la CNAV*[23] *(4,7 milliards d'euros), les collectivités locales (1,6 milliard d'euros) ou encore le régime de la fonction publique de l'État (1,7 milliard d'euros)*[24]. »

---

22. « La solidarité entre les régimes de retraite obligatoires : le mécanisme de la compensation démographique », http://www.info-retraite.fr/index.php?id=solidarite (consulté en juin 2014).

23. La CNAV (Caisse nationale d'assurance vieillesse de la Sécurité sociale) gère les pensions du régime général des salariés.

24. Conseil d'orientation des retraites, *Douze fiches pour l'information et le débat*, mai 2013, http://www.cor-retraites.fr/article421.html (consulté en juin 2014).

Sur l'État, les collectivités territoriales et la fonction publique

50 *« L'administration française est un "mille-feuille territorial" où les fonctions des différentes administrations "doublonnent" au lieu de se compléter. »*

▶ **Il y a six « feuilles » et pas mille... et il n'y a doublon que pour les cofinancements.**

Il est vrai que les différentes lois de décentralisation depuis les années 1980 ont abouti à la construction d'une architecture territoriale et à une répartition des compétences qui ne sont pas toujours lisibles pour les usagers – communes, communautés de communes départements, régions, auxquels s'ajoutent parfois des dispositifs de regroupements (pour les écoles avec les regroupements pédagogiques intercommunaux, pour le ramassage des ordures, la gestion de l'eau, etc.). Par ailleurs, des vagues de transferts de personnels d'une structure à une autre (par exemple, les personnels techniciens ouvriers de l'Éducation nationale passés sous la tutelle des régions en 2004) ont aussi pu en rendre la lecture encore plus complexe.

Mais la réalité est moins protéiforme que cela. S'il y a souvent des financements croisés entre plusieurs niveaux de collectivités, il n'y a pas de missions assurées sur un même lieu par deux entités territoriales différentes. Même quand il s'agit de « lieux » gérés par deux collectivités différentes (par exemple, les cités scolaires mixtes rassemblant un collège et un lycée), il y a alors une « délégation » de compétence : c'est l'une des collectivités qui assure l'essentiel des missions (travaux, restauration...) et l'autre qui assure le remboursement de sa quote-part à la première.

51 *« L'administration de la vie locale est devenue trop complexe pour la laisser dans les mains des élus locaux. »*

▶ L'enjeu est de contribuer à l'implication de chaque acteur pour faire progresser la démocratie.

La complexité ne signifie pas nécessairement l'impuissance ou l'obscurité. La vraie question est de savoir la gérer lorsqu'elle existe.

Trois écueils doivent être évités. Le premier est celui de la concentration du pouvoir dans les mains des seuls élus sans que les services de l'État ne se donnent les moyens de contrôler la légalité des actes administratifs des collectivités territoriales. Le deuxième écueil réside dans une technocratisation de la gestion des collectivités qui se substituerait aux pouvoirs des élus alors que ces derniers, par leurs liens de proximité avec les usagers, sont les mieux placés pour ajuster aux besoins exprimés le contenu des politiques qu'ils proposent. Le troisième écueil consiste à écarter de cette gestion complexe les personnels de la fonction publique et les usagers alors qu'ils sont détenteurs de compétences et de savoirs essentiels au bon fonctionnement des collectivités et à la qualité des services qu'ils rendent à la population. Gérer la complexité suppose donc de constituer des réseaux qui, dans une complémentarité des responsabilités et des compétences, permettent de développer la qualité de la démocratie locale.

52 *« L'administration de nos voisins européens (Allemagne et Royaume-Uni) fonctionne mieux que l'administration française avec moins de communes et des régions plus grandes. »*

▶ **Pas si simple ! La comparaison sera toujours partielle.**

L'OCDE, dans son observation de l'efficacité des politiques publiques des pays européens en matière d'atténuation des inégalités sociales, fait trois constats s'agissant des trois pays précités. C'est en France que les inégalités sont les moins fortes ; les effets de limitation de celles-ci (par transferts financiers, ou par l'action des services publics comme l'éducation, la santé, et les autres services sociaux) sont aussi importants en France qu'en Allemagne ; c'est le Royaume-Uni qui corrige le moins ces inégalités.

Par ailleurs, les compétences des différents niveaux institutionnels ne sont pas comparables d'un pays à l'autre. Par exemple, l'équivalent allemand de l'aide sociale à l'hébergement d'une personne dépendante est cofinancé par les Länder et les communes, quand cette aide est prise en charge par les départements en France[1]. L'étude de l'OCDE montre que si l'Allemagne affiche un système de protection sociale plus simple et lisible et à la gouvernance plus facile, le système socio-fiscal français protège mieux contre les risques de pauvreté. En 2009, les taux de pauvreté des deux pays étaient de 13,3 % en France contre 15,9 % en Allemagne. Ce n'est donc pas tant la réduction du nombre de communes ou la taille des régions qui sont déterminantes pour l'efficacité de l'administration que la meilleure répartition des compétences et des missions de service public à l'échelon où elles sont susceptibles d'être le plus efficacement organisées, où les besoins sociaux sont les mieux identifiés et où les choix d'orientation des politiques publiques peuvent être faits de manière pertinente.

Pour cette raison, toute réforme institutionnelle et territoriale doit se faire à partir de l'ensemble de ces enjeux, et non à partir des seules logiques d'austérité qui font peser des risques graves sur le modèle social. Les questions liées à l'organisation de l'administration doivent en être une conséquence.

L'histoire sociale et politique, le rapport entre l'État et la nation, les modes d'organisation de la puissance publique, le type même de fonction publique sont différents d'un pays à l'autre.

---

1. *Comparaison France-Allemagne des systèmes de protection sociale*, document de travail d'août 2012 de la direction générale du Trésor, http://www.tresor.economie.gouv.fr/File/374396 (consulté en juin 2014).

Chercher, par des arguments technocratiques, à dégager un standard d'organisation – au motif que cela « fonctionne mieux » outre-Rhin ou outre-Manche – risque plutôt de creuser un fossé entre la population et l'administration et d'affaiblir ainsi l'efficacité de cette dernière.

SECONDE PARTIE

LES FAUSSES SOLUTIONS

« Moins de fonctionnaires rendra la fonction publique plus efficace là où elle doit l'être et l'obligera à déléguer ce qu'elle ne sait pas faire au secteur privé. »

53 *« On devrait exiger des fonctionnaires d'être moins nombreux, de travailler davantage et les payer plus en contrepartie. »*

▶ **L'application de cette politique sous la présidence de Nicolas Sarkozy a conduit à la fois à la dégradation de la qualité du travail dans les services publics et à la baisse des rémunérations des fonctionnaires.**

Nicolas Sarkozy a voulu appliquer le slogan « travailler plus pour gagner plus » à la fonction publique. Cela a donné la Révision générale des politiques publiques (RGPP) (voir l'idée fausse n° 1), avec la suppression d'un emploi sur deux libérés par les départs à la retraite. Ce dispositif s'est traduit, au final, par une difficulté de plus en plus grande des services publics, exsangues, pour répondre aux attentes des usagers. Et, pour les fonctionnaires, par une perte généralisée de pouvoir d'achat qui se poursuit aujourd'hui (voir l'idée fausse n° 9). Depuis plusieurs années, la part du PIB consacrée aux rémunérations de la fonction publique de l'État est en baisse : hors contribution pour les retraites, la part du PIB consacrée à la rémunération des personnels de la fonction publique de l'État est passée de 4,4 % en 1999 à 3,3 % en 2011[1].

De fait, cette politique oublie que la qualité du travail des fonctionnaires ne se mesure pas au nombre d'heures de travail prescrites : il y a dans tout travail une part invisible, indispensable à l'efficacité. C'est ce temps qui permet la réflexion, la préparation, la prise de contact, le recul, la préparation. Le temps de repos est aussi une condition de l'efficacité. Il est essentiel dans les métiers qui ont trait à l'humain, comme ceux de la santé, de l'éducation, du social qui constituent une grande partie des missions de la fonction publique. Sans compter que tous les postes impliquant, dans les secteurs de la sécurité ou de la santé par exemple, des astreintes (permanences de nuit et de week-end, notamment) doivent donner lieu à des compensations.

Par ailleurs, lorsqu'il y a cinq millions de chômeurs[2], réduire le nombre d'emplois de fonctionnaires comme de salariés est un non-sens. La question du partage du travail doit être posée. Il faut défendre les 35 heures pour tous les salariés.

---

1. Calcul de la FSU à partir des données de DGAFP, *Rapport annuel sur l'état de la fonction publique, édition 2013*, *op. cit.*
2. Toutes catégories inscrites à Pôle emploi, en mai 2014.

54 *« Pour disposer d'une fonction publique à l'image de la population, il faut recruter sans concours. »*

▶ La suppression du concours pour le recrutement alimenterait le favoritisme et le clientélisme.

Parce que tout citoyen doit avoir accès à la fonction publique et que la sélection des candidats doit s'opérer sur leurs *« vertus et talents »* à l'exclusion de toute autre considération, comme le prévoit l'article 6 de la Déclaration des droits de l'Homme et du citoyen[3], le recrutement des fonctionnaires est généralement organisé par concours. Cette disposition, qui traduit un principe fort, est souvent critiquée comme socialement discriminante, même s'il est généralement reconnu que la fonction publique a effectivement joué un rôle d'ascenseur social dans les périodes où elle a fortement recruté[4]. Pourtant, parmi les jeunes diplômés issus de l'immigration, la fonction publique apparaît moins discriminante que le secteur privé, car le concours y joue le rôle du *curriculum vitae* anonyme[5].

---

3. « Tous les Citoyens étant égaux à ses yeux sont également admissibles à toutes dignités, places et emplois publics, selon leur capacité, et sans autre distinction que celle de leurs vertus et de leurs talents. »

4. Dans les années 1960, notamment.

5. Victor Borgogno, Alain Frickey, Jean-Luc Primon, Lise Vollenweider-Andresen, « Identification des discriminations dans l'accès à l'emploi des diplômés du supérieur issus de l'immigration », *Migrations Études*, n° 124, juillet 2004.

La volonté d'une fonction publique accessible à des personnes non diplômées a été mise en avant pour supprimer le concours de recrutement de titulaires dans le premier grade de la catégorie C, pour lequel aucune qualification n'est requise. Lorsqu'elles étaient disponibles, les statistiques sur les diplômes des personnes recrutées par cette voie apportaient peu de preuves de l'efficacité du dispositif[6]. En outre, les recrutements ainsi opérés ne sont pas à l'abri du soupçon de clientélisme, comme le souligne le rapport Pêcheur[7].

Lorsque 70 % d'une classe d'âge obtient le bac, il peut apparaître paradoxal que le concours soit toujours présenté comme un obstacle. Car, dans un contexte de chômage de masse, les employeurs publics comme les employeurs du secteur privé, ont tendance à recruter des personnes diplômées, y compris pour des tâches dites non qualifiées, condamnant à la précarité les jeunes peu qualifiés.

L'enjeu est donc bien celui de la formation initiale. C'est ce que confirme par exemple le suivi de la réussite

---

6. Sur les recrutements sans concours en échelle 3 de la catégorie C en 2005 dans la fonction publique de l'État, 25 % des recrutés ont un diplôme au moins égal au Bac. *Cf. Rapport annuel sur l'état de la fonction publique : faits et chiffres 2006-2007*, Paris, La Documentation française, 2007. À partir de cette date, du fait de la pérennisation du dispositif, cette statistique n'est plus renseignée.

7. *« Enfin, lorsque l'on constate que les trois fonctions publiques emploient près d'un agent sur 5 sur contrat et qu'en 2011, sur les 36 500 recrutements de la fonction publique territoriale, 23 500 ont été des recrutements directs sans concours, que les pressions pour accéder à l'emploi sont vives, un autre danger est assurément le localisme ou le clientélisme. » Rapport à Monsieur le Premier ministre sur la Fonction publique*, présenté par Bernard Pêcheur, président de section au Conseil d'État, 29 octobre 2013.

au concours de professeurs des écoles effectué par Jean-Louis Auduc. Directeur adjoint de l'IUFM de Créteil, celui-ci s'est intéressé en 2006 aux lauréats du concours des professeurs des écoles portant des prénoms africains ou maghrébins. Il constate, cette année-là, une augmentation de leur proportion parmi les reçus. Il explique cette augmentation par le fait que les étudiants concernés étaient en collège en 1998. Or, cette date correspond à la première année du « plan pour la Seine-Saint-Denis », obtenu par une mobilisation remarquable des enseignants, des élèves et des parents du département. Il formule l'hypothèse que « *le classement ZEP intervenu en 1998 a, pour la cohorte d'élèves concernés, des conséquences très positives en termes de poursuite d'études longues et de réussite au niveau universitaire*[8] ».

Au moment où la fonction publique recrute, en proportion, plus de diplômés que le secteur privé, les dispositifs de bourses d'études et de pré-recrutement[9] doivent être mobilisés pour faire vivre le principe d'un égal accès aux emplois publics.

Il est aussi pertinent de travailler à une diversification du contenu et de la forme des concours, comme cela se fait déjà avec les concours sur titre, c'est-à-dire sur la base de dossier contenant les travaux réalisés par le

---

8. Jean-Louis Auduc, « Les reçus au concours 206 de professeurs des écoles dans l'académie de Créteil », 29 septembre 2006, http://www.prisme-asso.org/spip.php?article379 (consulté en juin 2014).

9. Recrutement en cours d'étude, avec rémunération et engagement de suivre la formation et de se présenter au concours, puis de travailler dans la fonction publique. La grande majorité des pré-recrutements (écoles normales, institut de préparation à l'enseignement secondaire) ont été abandonnés au cours des années 1980.

postulant, et avec les concours comportant des épreuves de « reconnaissance des acquis de l'expérience ».

Comment devient-on fonctionnaire ?

Pour assurer une égalité d'accès aux emplois de la fonction publique, le recrutement se fait en principe par concours, le jury étant indépendant de l'employeur. Les concours externes sont ouverts à tous les ressortissants de l'Espace économique européen[10], éventuellement sous conditions de diplôme. Le recrutement se fait sans concours pour les emplois les moins rémunérés pour lesquels aucune qualification particulière n'est exigée.

Les personnes sélectionnées sont nommées fonctionnaires stagiaires pour une durée d'un an avant d'être titularisées, sauf dans quelques cas (renouvellement du stage ou radiation).

Particularité de la fonction publique territoriale, la réussite au concours débouche sur l'inscription sur une liste d'aptitude, construite par ordre alphabétique. Pour devenir fonctionnaire, il faut être recruté par un employeur territorial dans les deux ans qui suivent. Ce système génère ce que l'on appelle des « reçus collés » : des personnes qui, tout en ayant réussi le concours, ne sont recrutées par aucune collectivité.

Des plans de titularisation ont permis à une partie des agents non titulaires de devenir fonctionnaires. Le dispositif en cours[11] organise pendant quatre ans des examens professionnels ou des concours réservés. Les conditions d'inscription sont cependant telles que ces titularisations ne résorberont pas l'emploi précaire.

Les concours internes permettent aussi aux contractuels de devenir des fonctionnaires ou à des fonctionnaires d'obtenir une promotion ou de changer de métier. Enfin les « troisièmes concours » sont réservés à des salariés de droit privé.

---

10. L'Espace économique européen est composé des pays de l'Union européenne, de l'Islande, de la Norvège et du Lichtenstein.
11. En application de la loi du 12 mars 2012.

55 *« On devrait mettre fin au statut des fonctionnaires et les faire revenir dans le droit commun en leur faisant signer des contrats régis par le Code du travail. »*

Le statut comporte pour le fonctionnaire des droits et des obligations mieux adaptées au service public que ne le sont les contrats.

Le statut des fonctionnaires correspond à un besoin du service public et de l'action publique. Les fonctionnaires ont en effet en charge l'intérêt général, et la mise en œuvre de celui-ci nécessite des conditions de travail particulières, pas toujours favorables d'ailleurs puisque, sous certains aspects, les droits des fonctionnaires sont inférieurs à ceux des salariés du privé (en ce qui concerne, par exemple, le rôle des comités d'hygiène, de sécurité et des conditions de travail [CHSCT], dont les pouvoirs sont plus importants dans le privé, et l'exercice du droit de grève par exemple [voir l'idée fausse n° 18]).

Si le statut assure au fonctionnaire une garantie d'emploi, c'est pour assurer la pérennité de l'action publique, en tout temps et sur tout le territoire, afin qu'elle ne varie pas au gré des alternances politiques ou de circonstances aléatoires.

Le fait que ce statut soit défini unilatéralement par la loi et les décrets plutôt que par une relation contractuelle employeur/employé garantit l'égalité de traitement des usagers, la continuité du service public, son impartialité, mais aussi son adaptabilité.

Les droits et garanties accordées au fonctionnaire s'accompagnent de devoirs et d'obligations, par exemple celle d'accepter tout poste correspondant à son grade et ses missions, même éloigné ou contraire à ses souhaits. De même, l'existence d'une carrière prévue par le statut permet la neutralité à l'égard des pouvoirs politiques. Le statut donne aussi au fonctionnaire la possibilité d'inscrire son action dans la durée, ce que permet moins une addition de contrats par nature plus aléatoire.

56 *« Pour attirer tous les talents, il faut recruter dans le secteur privé et modifier le statut. »*

▶ Le statut est déjà en constante évolution.

On peut, en premier lieu, souligner que la fonction publique compte de très nombreux métiers et que ses agents mobilisent déjà des compétences très diverses ; il y a parmi eux, par exemple, de nombreux personnels techniques, des ingénieurs, des informaticiens... En outre, le statut permet d'affecter à un poste des titulaires originaires d'autres administrations ou même de recruter des contractuels lorsque les qualifications requises ne sont pas présentes dans un service. Enfin, les administrations peuvent avoir recours à des marchés publics si elles ont besoin de prestations ou de services particuliers, même si on peut parfois s'interroger sur la pertinence d'une partie d'entre eux, sujets des appétits de profits de certains prestataires. Il peut ainsi y avoir des abus : par exemple, des audits réalisés par des sociétés privées à des tarifs exorbitants ou renouvelés à chaque changement de direction.

D'ores et déjà, la fonction publique offre des possibilités de promotion sociale à des salariés du secteur privé. Il existe même des concours qui leur sont réservés, les « troisièmes concours ». Si l'on juge que la mobilité des agents est insuffisante, les outils existent pour la développer.

Il n'y a donc pas besoin de modifier le statut pour attirer dans la fonction publique les talents du secteur privé. Les actions à mener pour ce faire doivent davantage porter sur les rémunérations, les conditions de travail, la valorisation des missions rendues. Autant d'actions nécessaires pour attirer les étudiants vers les métiers de la fonction publique.

« FUSIONNER LES COLLECTIVITÉS TERRITORIALES PERMETTRA DE FAIRE DES ÉCONOMIES ET SIMPLIFIERA LES DÉMARCHES DES USAGERS. »

57 *« Il y a trop de collectivités territoriales en France, on devrait en fusionner pour en réduire le nombre. »*

▶ **Un redécoupage n'est utile que s'il s'adapte à l'évolution des territoires de vie dans notre pays.**

Pour réfléchir à la carte des collectivités territoriales, il faut chercher à répondre aux bonnes questions. Quels sont les besoins de la population. Quelle est l'organisation la plus efficace pour réduire les inégalités ? Etc.

Revoir la carte des collectivités territoriales dans une logique purement comptable n'a pas grand sens, encore moins si cela est fait de façon autoritaire, par une décision au sommet. Il ne faut pas oublier que, derrière ce découpage, il y a des vies concrètes, des liens, des groupes sociaux, des enjeux culturels, économiques, sociaux complexes. Bref, un fonctionnement de la société qui ne peut se réduire à un schéma abstrait ou à une addition de chiffres. Derrière ce découpage, il y a aussi des enjeux de démocratie, et en particulier l'indispensable démocratie de proximité. Une fusion d'entités politiques et administratives décrétée d'en haut risque d'accroître la distance entre les lieux de décision et les citoyens, et d'accentuer aussi les inégalités entre les territoires. En revanche, il y a sans doute à faire un vrai effort de lisibilité des compétences respectives des collectivités territoriales pour que le citoyen s'y retrouve, qu'il sache où se prennent les décisions qui le concernent au plan local et à qui s'adresser.

Il est également indispensable de veiller à l'attribution des moyens adéquats à ces collectivités en fonction de leurs compétences (fiscalité, allocations ou aides de l'État) et d'assurer entre elles une vraie péréquation qui garantisse l'égalité de traitement des citoyens (voir l'idée fausse n° 42).

58 *« On devrait supprimer les départements qui sont un échelon obsolète de l'administration française. »*

Le département reste pour le moment un indispensable échelon de démocratie et d'action de proximité.

Certes, les départements datent de la Révolution française et, depuis, la vie et l'habitat ont profondément évolué dans notre pays. Mais si les Français sont attachés à leurs départements, comme l'a montré par exemple la volonté largement partagée de ne pas faire disparaître le numéro du département des plaques minéralogiques, ce n'est pas nécessairement par nostalgie d'un âge d'or révolu. C'est que le département est, par rapport à la région, un échelon de démocratie de proximité. En outre, il remplit des fonctions essentielles pour la vie quotidienne, comme l'action sociale ou l'entretien des routes.

Si on les supprimait, il faudrait en tout état de cause se poser la question du maintien d'un échelon intermédiaire entre la commune (ou l'agglomération) et la région, et prévoir, dans ce nouveau cadre, une redistribution cohérente ou pertinente des compétences.

59 *« La réduction du nombre de communes, la suppression des départements et la fusion des régions permettront de faire des économies et de supprimer des postes de fonctionnaires. »*

▶ **Si l'on donne comme finalité première à une éventuelle réforme des collectivités territoriales la réduction des postes, on fait fausse route.**

D'abord, il ne faut pas oublier les enjeux rappelés plus haut (voir les idées fausses n° 57 et n° 58) en termes de démocratie et d'action de proximité. Il ne faut pas oublier non plus que les fonctionnaires des collectivités territoriales sont là pour répondre à des besoins et que, mis à part quelques doublons en nombre limité, la suppression de certains échelons de collectivités ou leur regroupement ne changera rien à la nécessité de continuer à répondre à ces besoins. Par exemple, si une même collectivité était amenée à l'avenir à gérer à la fois les collèges et les lycées, le gain serait quasi nul sur le plan des emplois : il faudra toujours des personnels ATEE (agents techniques des établissements d'enseignement)[1] dans

---

1. Anciennement TOS (« techniciens ouvriers et de service »).

les établissements scolaires. Et il faudra aussi des personnels administratifs pour gérer ces ATEE ou pour gérer les constructions et l'entretien des bâtiments et les allocations budgétaires. De même, il faudra toujours dans les collectivités des personnels chargés de l'action sociale pour répondre aux besoins en ce domaine, et ceci quels que soient la taille et le nombre des collectivités.

En revanche, ce qui pourrait se perdre dans un redécoupage territorial, c'est l'expertise acquise dans leur domaine de responsabilité par les collectivités supprimées : ainsi, l'action sociale dans un département est très liée à une connaissance fine du terrain dont il n'est pas garanti qu'elle soit aisément transférable à un autre échelon territorial plus éloigné de ces réalités.

60 *« La fonction publique, l'Éducation nationale devraient être gérées comme une entreprise. Cela leur permettrait d'être plus efficaces. »*

▶ L'efficacité du service public ne se réduit pas à des critères quantitatifs.

On ne peut pas comparer l'efficacité des entreprises privées et celle des services publics, tout simplement parce que les finalités ne sont pas les mêmes.

L'entreprise privée a pour but premier de produire des biens ou des services qui doivent générer un profit, indispensable à sa survie. Cela vaut aussi pour les entreprises de l'économie sociale et solidaire (ESS), même si leur lucrativité est généralement limitée. L'efficacité de l'entreprise privée est d'abord mise au service de ce profit.

Le service public, lui, a en charge l'intérêt général. Son efficacité est orientée vers celui-ci, qui ne se réduit pas à la somme des intérêts particuliers. Elle ne peut se mesurer à la même aune, ce qui ne veut pas dire qu'elle ne doit pas se mesurer. Simplement elle ne s'apprécie ni selon les mêmes critères, ni sur la même durée. Souvent, elle vise le long terme et c'est le citoyen et non le client qui doit en être le destinataire. Cet intérêt général ne peut pas non plus se réduire à quelques critères quantitatifs.

Ainsi, un agent des finances publiques a pour mission non de faire payer moins d'impôts ou plus d'impôts aux contribuables, mais de faire payer le niveau d'impôt inscrit dans la loi. L'efficacité d'un policier ne se mesure pas seulement au nombre d'interpellations qu'il fait, pas plus que celle d'un juge au nombre de dossiers qu'il traite : leur efficacité est dans leur contribution à une société où l'on doit pouvoir mieux vivre ensemble.

Certaines politiques, inspirées d'une gestion privée, marquées par la mise en concurrence et l'évaluation de l'efficacité par une batterie de critères à court terme, risquent de produire des effets pervers : ainsi, le policier qui ne serait jugé que sur le nombre d'élucidations pourrait avoir la tentation de refuser d'enregistrer des plaintes pour des affaires qu'il lui serait difficile de résoudre ; l'établissement qui serait jugé sur son taux de réussite aux examens pourrait être incité à écarter les élèves jugés incapables de réussir.

61 *« On devrait limiter le pouvoir budgétaire des élus pour limiter le gaspillage des deniers publics. »*

▶ **Au lieu de soupçonner les élus, on aurait intérêt à développer l'implication des citoyens pour mieux les associer aux décisions.**

Le problème n'est pas le pouvoir des élus, mais celui de l'implication des citoyens à l'élaboration des décisions, à la connaissance de leur contenu, bref à la qualité de la démocratie. L'article 14 de la Déclaration des droits de l'Homme et du citoyen [2] souligne le droit dont dispose le citoyen de connaître l'usage qui est fait de l'impôt qu'il paye. Plutôt que soupçonner *a priori* les élus de gaspillage, il est préférable d'exiger la transparence des choix budgétaires et de l'évaluation des résultats ainsi qu'une meilleure association des citoyens aux décisions qui les concernent.

---

2. « Tous les Citoyens ont le droit de constater, par eux-mêmes ou par leurs représentants, la nécessité de la contribution publique, de la consentir librement, d'en suivre l'emploi, et d'en déterminer la quotité, l'assiette, le recouvrement et la durée. »

« On devrait réduire le rôle de l'État et déléguer plus au privé. »

62 *« Réduire les dépenses publiques est la seule solution pour que l'État fasse des économies. »*

► La mise en œuvre de ce principe n'a fait que dégrader la qualité du service public sans produire d'effet significatif sur la dette.

La réduction des dépenses publiques, c'est ce que Nicolas Sarkozy a impulsé pour le résultat que l'on sait : ces économies ont abouti à l'alourdissement des tâches des fonctionnaires, à l'allégement de leur rémunération et à la détérioration de la qualité et de la densité des services publics. Ces choix politiques risquent de se payer en termes de coûts différés, tant en matière sociale qu'en matière économique : les reculs en termes de formation ou de prévention dans le domaine sanitaire, par exemple, risquent de se traduire au final par une augmentation du chômage, une perte de compétitivité globale et un accroissement du coût des soins. En revanche, les économies à court terme ont été particulièrement limitées, marginales par rapport aux déficits de l'État.

Selon le rapport sur le bilan de la Révision générale des politiques publiques (RGPP)[1], ces économies se montent à 11,9 milliards d'euros de 2009 à 2012, soit moins de 4 milliards d'euros par an, alors que le déficit atteignait, cette année-là, 87,6 milliards d'euros selon l'INSEE.

Comme l'a montré l'audit du Collectif pour un audit citoyen de la dette publique (CAC), rendu public en mai 2014[2], la plus grande partie de celle-ci ne résulte pas des dépenses de l'État mais des cadeaux fiscaux faits ces dernières années aussi bien aux entreprises qu'aux plus favorisés. Ce total des exonérations dues aux niches fiscales s'élevait ainsi à 73 milliards d'euros par an (soit l'équivalent de 27 % de l'ensemble des recettes fiscales), selon le rapport de la mission d'information parlementaire consacrée à ce sujet[3].

---

1. Inspection générale des finances, Inspection générale de l'administration et Inspection générale des affaires sociales, *Bilan de la RGPP et conditions de réussite d'une nouvelle politique de réforme de l'État*, Paris, La Documentation française, septembre 2012.
2. CAC, *Que faire de la dette ? Un audit de la dette publique de la France, op. cit.*
3. Mission d'information sur les niches fiscales présidée par Didier Migaud, rapport parlementaire remis le 5 juin 2008.

63 *« L'État devrait se limiter à assurer certaines fonctions : la police, la justice, l'enseignement, la défense, la collecte des impôts et déléguer le reste de ses fonctions au secteur privé. »*

▶ Pourquoi le privé serait-il forcément la solution ?

Pense-t-on que le secteur privé serait apte à prendre plus efficacement en charge l'action sociale, par exemple, ou qu'il le ferait à moindre coût ? L'expérience de la délégation du placement des chômeurs par Pôle emploi à des entreprises d'intérim devrait faire réfléchir : non seulement cela a un coût, mais ces entreprises ne sont en fait efficaces que pour les chômeurs qui ont le plus de facilités à trouver un emploi[4]. Elles ont tendance à se débarrasser des autres, car leur prise en charge n'est pas assez rentable. On peut aussi citer l'exemple de la formation professionnelle qui est assurée à environ 90 % par le privé : régulièrement des rapports montrent que les fonds pour des formations profitent surtout aux cadres et aux personnels les plus qualifiés et dénoncent le manque d'efficacité des fonds engagés.

Au-delà, il faut bien voir que l'action publique a besoin de cohérence et de collaboration entre des

---

4. En 2009, trois chercheurs du CREST (Centre de recherches économiques et statistiques) ont évalué deux dispositifs simultanés de placement des chômeurs, un délégué par l'UNEDIC à des organismes privés, l'autre mis en place par ce qui était l'ANPE : ils ont pu constater que ce dernier était plus efficace, notamment en termes d'accès à un emploi de longue durée.

métiers et des secteurs différents. Limiter le champ d'intervention de l'État à certaines missions serait ignorer ce besoin et renvoyer le reste au privé serait perdre en efficacité. Cela ne veut pas dire que l'État doit agir seul : au contraire la coopération doit exister avec les services publics des collectivités territoriales, le secteur associatif. Des coopérations sont nécessaires avec tous les acteurs, y compris les entreprises. Par exemple, la question de l'emploi doit mobiliser Pôle emploi, l'AFPA (Formation professionnelle des adultes), les missions locales, les élus, les administrations, les entreprises..., à condition de respecter la spécificité des missions de chacun et d'avoir comme dénominateur commun le service de l'intérêt général et la création de biens communs accessibles à tous les citoyens (voir l'idée fausse n° 60).

64 *« On devrait réduire le budget de fonctionnement de l'État pour qu'il puisse soutenir des investissements d'avenir. »*

▶ Une bonne part du budget de fonctionnement de l'État correspond justement à un investissement de long terme !

La formation des jeunes, le développement de la recherche, par exemple, sont-ils autre chose que des investissements ? Tout comme la prévention de la récidive ou de la délinquance juvénile, la mise en œuvre d'un plan d'hygiène bucco-dentaire ou, dans un tout autre domaine, l'amélioration de la collecte de l'impôt et la lutte contre la fraude fiscale. Cela implique certes des investissements matériels, mais surtout des investissements humains : former, recruter, payer des professeurs, des chercheurs, des éducateurs ou des agents des finances publiques. Un équipement scientifique de pointe n'est pas un investissement si l'on n'a pas les personnels pour le faire fonctionner ! L'avenir, ce sont autant les hommes et les femmes que les bâtiments. L'ignorer relève d'une politique à courte vue et d'une impréparation de l'avenir.

Sortir de la crise durable dans laquelle est plongée la France depuis 2008 suppose que les services publics et la fonction publique soient les fers de lance d'un nouveau mode de développement socialement et écologiquement responsable, basé sur la formation, la transition énergétique, la recherche. La fonction publique peut et doit avoir un rôle d'anticipation et d'action dans cette fonction.

65 *« L'État devrait vendre son patrimoine immobilier et les actions de société qu'il possède pour rembourser sa dette. »*

▶ Cela se fait déjà et massivement !

Nombre de bâtiments publics ont été vendus à des promoteurs privés, aussi bien des casernes que des locaux de prestige en France et à l'étranger[5]. Une agence de l'État a même la responsabilité de ces ventes. Par ailleurs, l'État a décidé de mettre à disposition des

5. C'est par exemple le cas de la résidence à New York du représentant permanent de la France à l'Organisation des Nations unies (ONU).

collectivités des terrains vacants dont il est propriétaire à condition de les utiliser pour construire des logements sociaux. Enfin, une politique dite de valorisation des bâtiments publics a été menée, consistant à louer certains locaux de prestige pour des initiatives privées (défilés de mode, colloques...)[6].

Le problème est que certaines de ces ventes ont donné lieu, pour ceux qui se sont portés acquéreurs, à des opérations particulièrement lucratives et que, d'une certaine manière, l'État s'est dessaisi d'un patrimoine dont il aurait pu tirer profit. L'autre problème est que, lorsque ces bâtiments sont occupés par des services, il faut reloger les personnels concernés et que parfois cela a un coût supérieur au bénéfice tiré de la vente (par exemple lorsque cela se fait par le biais de partenariats public-privé[7]) ou que cela se traduit par une dégradation des conditions de travail. Ce type d'opérations peut donc être parfois justifié, mais sa contribution à la réduction de la dette est limitée car la dette a bien d'autres causes, notamment la multiplication des cadeaux fiscaux, la fraude et le ralentissement de l'activité économique. En revanche, une politique systématique de vente du patrimoine peut servir davantage des intérêts privés et coûter plus cher à l'État qu'il ne rapporte, voire dégrader le service public.

---

6. C'est par exemple ce que fait régulièrement le Conseil économique, social et environnemental (CESE).
7. Voir, par exemple, la construction d'un « pentagone » français à Paris (Balard) accompagnant la vente des locaux historiques de ministère de la Défense.

Quant aux actions que possède l'État dans des sociétés, elles doivent normalement permettre d'infléchir les politiques de ces sociétés en faveur de l'emploi et de l'investissement de long terme. C'est d'ailleurs la raison avancée par l'État pour justifier le choix qu'il a fait d'entrer dans le capital de sociétés comme PSA ou Alstom. Mais généralement, c'est souvent le contraire qui s'est produit depuis quinze ans. L'État a vendu une bonne partie de ses actions dans des secteurs stratégiques ou qui généraient des recettes sûres et durables. Le cas le plus scandaleux est celui des autoroutes vendues au groupe Vinci au mépris de l'intérêt général[8].

66 *« On devrait généraliser le partenariat public-privé pour la construction des établissements scolaires, des routes, des voies de chemin de fer, des hôpitaux, des prisons, etc. »*

▶ **Ce procédé, développé ces dernières années, coûte à terme bien plus cher au contribuable.**

En effet, le principe est le suivant : l'État ou une collectivité demande à un groupe privé (souvent une banque et un constructeur) d'investir à sa place pour construire un équipement (collège, prison, hôpital,

8. Proposition de loi relative à la nationalisation des sociétés concessionnaires d'autoroutes et à l'affectation des dividendes à l'agence de financement des infrastructures de transports, janvier 2014, http://www.senat.fr/rap/l13-275/l13-275.html (consulté en juin 2014).

stade...) et il s'engage en échange soit à le louer, soit à payer des prestations (par exemple, la fourniture des repas ou l'entretien de l'équipement) au constructeur sur une longue durée (vingt à trente ans). Chacun comprendra que cela va coûter plus cher puisque, outre le coût de la construction qui sera payé à travers les loyers, il faut payer le service rendu par les prestataires. L'avantage est que cela n'est pas comptabilisé comme un déficit public puisque l'investissement est assumé par la société privée. Ce procédé a uniquement un effet d'affichage puisque cela augmente considérablement le coût réel de l'équipement sur la durée. En revanche, les prestataires y trouvent d'autant plus leur compte que leurs risques sont inexistants puisqu'en général on leur garantit qu'ils seront bien payés, même si l'équipement en question est inutile, sous-utilisé ou peu rentable ! C'est ce qui s'est passé, par exemple, avec la société chargée de la mise en place du dispositif permettant la perception de l'écotaxe. Ce partenariat public-privé n'est donc en rien une source d'économies pour les services publics mais engendre des dépenses supplémentaires qui viennent accroître les profits de grands consortiums français ou internationaux (voir l'idée fausse n° 18).

Ces infrastructures qui sont des biens publics doivent rester la propriété de l'État et des collectivités territoriales à qui il revient d'en assurer l'exploitation.

67 *« On devrait réduire en priorité les postes de fonctionnaires qui n'ont pas d'utilité directe comme les personnels de la culture. »*

▶ **L'accès à la culture n'a rien de superflu.**

Cet accès est indispensable pour jouir pleinement de ses droits humains et il est un des facteurs qui permettent aux citoyens de s'émanciper et de faire société. Or, en ce domaine, les inégalités sont criantes. Le rôle des services publics, et donc des fonctionnaires, est de lutter contre ces inégalités et de permettre une vraie démocratisation de l'accès à la culture. Les faire disparaître aurait un coût social, mais aussi économique, considérable. Le nombre de fonctionnaires en charge de la culture est déjà considérablement réduit et cela n'est pas sans conséquence pour les actions de démocratisation culturelle sur le terrain (festivals, musées, spectacles, concerts, expositions...).

Par ailleurs, la culture est une activité aux retombées économiques importantes (que l'on songe aux festivals durant l'été). En effet, l'étude récente publiée par le ministère de la Culture[9] démontre que les retombées économiques des activités culturelles dégagent un solde positif de quatre milliards d'euros par an. C'est la preuve que l'efficacité de l'action culturelle de l'État ne peut que s'évaluer globalement, en prenant en compte non une ligne comptable mais les effets induits d'une

---

9. Inspection générale des finances, Inspection générale des affaires culturelles, *L'apport de la culture à l'économie en France*, décembre 2013.

activité auprès de tous les acteurs concernés. On ne peut pour autant se réduire à évaluer la culture à l'aune de cette évaluation économique, si utile soit-elle. La culture vaut pour elle-même, pour la profondeur humaine qu'elle révèle. Elle participe au rayonnement d'un pays et à l'émancipation de ses citoyens.

68 *« On devrait faire financer la culture par des fondations privées et des entreprises. Cela permettrait des économies et plus de souplesse dans les effectifs. »*

▶ Une bonne partie de la culture est d'ores et déjà financée par le privé à travers le mécénat.

Il faut savoir que le mécénat donne lieu à des déductions fiscales : au final, c'est donc le contribuable qui paie en partie. En outre, il ne peut pas décider, par l'intermédiaire de ses représentants, de l'utilisation de cet argent. Et les entreprises mécènes ont tendance à privilégier les initiatives qui valorisent leur image plus que celles qui favorisent la création ou l'accès de tous à la culture. Bref, ce recours au mécénat coûte par le manque à gagner fiscal qu'il produit et il n'y a aucune garantie que l'intérêt général soit pris en compte (l'expérience montre combien, par exemple, les fouilles d'archéologie préventive font l'objet d'une hostilité régulière de la part des investisseurs privés). L'image du mécène et les impératifs de sa communication peuvent dicter des choix artistiques qui ne soient ni démocratiques ni favorables à la liberté de création.

Ainsi, dans le rapport de Claire Gibault accompagnant l'avis voté par le CESE, on peut lire : *« Les entreprises se tournent surtout vers les actions à destination du public (diffusion 47 % ; sensibilisation 34 %) et soutiennent moins la création (31 % de leurs actions). Cette réalité est à mettre en parallèle avec le soutien apporté massivement aux institutions publiques pour 38 % et aux structures privées pour 35 %, tandis que les créateurs sont individuellement moins aidés. La musique est le domaine le plus soutenu à 39 %, suivi par les musées/expositions et les arts vivants à 19 %*[10] ».

Olivier Tcherniak, président de l'Admical (Association pour le développement du mécénat industriel et commercial), soulignait lors de son audition pour ce même rapport « *la transformation du rapport des dirigeants à la culture : en effet, puisque rien ne contraint une entreprise à être mécène, celle-ci choisit les activités qui transparaissent dans la société* ». Il déplorait ainsi que « *la culture ne fût plus perçue comme une priorité des actions d'intérêt général au sein de la société*[11] ».

69 « L'État n'a plus les moyens d'investir seul pour préparer l'avenir économique, social et écologique de la France. Il faut déléguer cette action à l'Europe. »

▶ L'action de l'Union ne peut cependant être détachée de celle de l'État.

---

10. « Pour une politique du spectacle vivant : l'éducation artistique et culturelle tout au long de la vie », octobre 2013, p. 140.
11. *Ibid.*, p. 1398.

Certes, la dimension des problèmes économiques, financiers et environnementaux est telle en France qu'elle implique un travail de fond au niveau international. L'Europe a donc un rôle essentiel à jouer en ce domaine. Ce qui fait la richesse de l'Union européenne, c'est d'être composée d'États démocratiques. L'action de l'Union ne peut donc être détachée de celle des différents États et des citoyens qui la composent.

Ce sont leurs apports respectifs mis en commun qui peuvent donner de la force à la mise en œuvre de projets européens de développement tant sur le plan économique, écologique, que dans le domaine de l'harmonisation fiscale, ou encore de la régulation des marchés financiers. Si, en revanche, l'action de l'Europe est imposée d'en haut aux États et aux citoyens par des arguments technocratiques, elle n'a aucune chance d'être comprise et efficace.

70 *« Faire un travail de prévention de la délinquance est inefficace, il faudrait sanctionner et emprisonner davantage les adolescents qui commettent des délits. Pour cela, il est nécessaire de construire de nouvelles prisons. »*

▶ Emprisonner les mineurs délinquants, c'est renoncer à se donner les moyens de les éduquer.

La philosophie de la justice des mineurs traduite par l'ordonnance de 1945 est qu'un enfant est fondamentalement éducable et que la société a plus intérêt à le guider pour empêcher qu'il ne s'installe dans la délinquance qu'à le punir. On sait que la prison est criminogène et source de récidive. Toutes les études le montrent. Ce qui est vrai pour les adultes l'est encore plus pour les mineurs, car un vrai travail éducatif est difficilement compatible avec l'enfermement. Quand Victor Hugo proclamait *« à chaque fois qu'on ouvre une école, on ferme une prison »*, il ne faisait qu'affirmer l'efficacité supérieure de l'éducation sur la prison. Un discours politique démagogique fait croire que la répression, et surtout l'emprisonnement, sont une garantie de sécurité. Mais, sauf à garder éternellement en prison les délinquants, la meilleure assurance en la matière est de faire en sorte que les délinquants ne recommencent pas : pour les mineurs, cela passe par un travail éducatif et c'est l'investissement dans ce travail, plutôt que dans la construction de prisons, qui est gage d'efficacité.

Cela ne signifie pas qu'il faille renoncer au rôle éducatif d'une sanction autre que la prison. Indiquer une limite, signifier un interdit est indispensable, à condition que la sanction n'enferme pas le jeune dans sa faute, mais lui permette d'en prendre conscience pour retrouver une place dans la société.

71 *« Pour prévenir la délinquance, il faut des peines plus sévères et un recours plus systématique à la prison. »*

▶ **La prison n'est pas la seule véritable sanction. Il faut permettre à toute personne ayant commis un délit de reprendre sa place dans la société.**

Au-delà des polémiques relatives aux instruments de mesure de la délinquance et de la récidive, dont les chiffres sont à manier avec la plus grande prudence[12], il paraît difficile d'éluder l'échec de la politique menée jusqu'à ce jour en matière de prévention de la délinquance et de la récidive.

Les faits démentent le prétendu laxisme des juges, qui ont de plus en plus recours à l'incarcération. Entre le début et la fin des années 2000, le nombre de peines d'emprisonnement prononcées a connu une hausse de 20 %, alors que le nombre de condamnations n'augmentait que de 16 %[13]. Conjointement, la durée moyenne du temps passé sous écrou est passée de 4,6 mois en 1980 à 10,2 mois en 2012[14].

En s'affranchissant des réflexions binaires, en écartant croyances, convictions et politiques pour prendre appui sur le produit de nombreuses études internationales et de trop rares études nationales, chacun peut constater les limites de l'incarcération et l'impact positif,

---

12. *« L'accroissement des condamnations en état de récidive légale sur la période 2004-2010 ne traduit pas une augmentation du nombre des faits de récidive, mais une augmentation mécanique des cas légaux de récidive du fait des évolutions des textes et des pratiques des juridictions. »* Jean-Paul Jean, audiences publiques de la Conférence de consensus, sur la prévention de la récidive, février 2013.

13. Ministère de la Justice/DACG/Pôle d'évaluation des politiques pénales, *Évaluation de la loi du 10 août 2007 sur les peines minimales d'emprisonnement.*

14. Pierre-Victor Tournier, *Observatoire de la privation de liberté et des sanctions et mesures appliquées dans la communauté* (OPALE), 2014.

pour la prévention de la récidive, des alternatives à l'incarcération comme des libérations probatoires[15].

Plus que sa sévérité, c'est l'exécution effective d'une sanction pertinente, dans un délai raisonnable et avec une prise en charge adaptée, qui a un véritable impact sur la récidive.

C'est tout l'enjeu du projet de loi relatif à la prévention de la récidive et à l'individualisation des peines, adopté le 26 juin 2014, tendant à renforcer l'efficacité des sanctions pénales. La prison, surtout dans les conditions actuelles d'incarcération, ne permet pas d'accompagner suffisamment les détenus afin de réussir leur réinsertion.

Les études démontrent la nocivité, en termes de récidive, du passage de la prison à la liberté sans aucune forme de suivi, de contrôle ou d'accompagnement, l'aménagement de peine doit être conçu comme un élément à part entière de la peine, qui ne relève pas d'une faveur accordée à la personne détenue[16].

Cette disposition est d'ores et déjà présente dans plusieurs systèmes juridiques étrangers qui ont fait leurs preuves (en Suède, par exemple). Bien entendu, ce dispositif doit reposer sur un suivi régulier des libertés conditionnelles par les personnels spécifiques. C'est le

---

15. Selon les études de D. A. Andrews et A. W. Leschield en 2000 (Canada). Voir aussi Paul Smith, Claire Goggin, Paul Gendreau, *Effets de l'incarcération et des sanctions intermédiaires sur la récidive : effets généraux et différences individuelles*, Travaux publics et services gouvernementaux, Canada, 2002.
16. Annie Kensey, Abdelmalik Benaouda, « Les risques de récidive de sortants de prison. Une nouvelle évaluation », *Cahiers d'études pénitentiaires et criminologiques*, n° 36, mai 2011.

rôle des services pénitentiaires d'insertion et de probation, les SPIP. Atteindre cet objectif suppose de renforcer ces services en effectuant un recrutement plus important.

« On devrait faire payer l'école et l'université à ceux qui en ont les moyens et orienter plus rapidement les élèves. »

72 *« On devrait limiter l'accès des bacheliers à l'université, car plus de la moitié d'entre eux échoue en première année. »*

▶ De quoi parle-t-on lorsque l'on parle d'échec ?

Seulement un peu plus d'un inscrit sur deux à l'université passe en deuxième année au bout d'un an et ils sont un peu moins de 30 % à obtenir une licence en trois ans. Mais, lorsque l'on regarde de plus près, il faut relativiser : les étudiants qui n'ont pas pu passer en deuxième année soit redoublent et généralement poursuivent jusqu'à la licence, soit se réorientent dans un autre domaine de l'enseignement supérieur comme les sections de technicien supérieur (STS), les écoles professionnelles ou les écoles qui enseignent d'autres disciplines... où souvent ils réussissent[1]. Peut-on tenir pour « perdue » une année qui aura permis de mûrir des choix, d'enrichir sa culture, d'apprendre le « métier » d'étudiant ?

---

1. *La démocratisation de l'enseignement supérieur : l'enjeu du premier cycle*, rapport et avis du CESE, 24 septembre 2012 (rapporteur : Gérard Aschieri).

Certes, pour un nombre non négligeable de jeunes, cette situation correspond malgré tout à un échec, et cet échec est massivement corrélé à l'origine sociale. On ne peut s'en satisfaire, et on doit par conséquent mieux accompagner les étudiants dans cette phase, ce qui suppose des moyens humains conséquents.

En revanche, quelles seraient les conséquences d'une sélection à l'entrée à l'université ?

D'abord, il est probable que cela se traduirait par une ségrégation sociale accrue : le développement de l'accès aux études supérieures est venu atténuer les très fortes inégalités sociales qui existaient autrefois. Toutefois, les différences entre milieux sociaux sont restées très marquées ; au point qu'une étude d'Eurostudent[2] montre que la France est, avec l'Espagne, un des pays où les inégalités sociales dans l'accès à l'enseignement supérieur sont les plus fortes en Europe. Veut-on les renforcer encore ?

La seconde conséquence serait de constituer un obstacle au développement de notre pays. Depuis des années, les gouvernements successifs ont réaffirmé l'objectif de 50 % d'une classe d'âge obtenant un diplôme de l'enseignement supérieur. L'enjeu est en effet tout autant de répondre aux besoins croissants en main-d'œuvre qualifiée, de lutter contre le chômage, que de contribuer à une meilleure formation générale des individus et à une citoyenneté active et responsable dans un monde confronté à des défis complexes.

---

2. Feras Bleghith, Ronan Vourch, « Eurostudent IV : une comparaison européenne des conditions de vie des étudiants », *OVE Infos*, novembre 2011, p. 4.

Qui peut croire que c'est en limitant l'accès à l'université que l'on relancera la dynamique ?

Il n'y aura pas d'amélioration de la réussite sans démocratisation, c'est-à-dire sans amélioration de l'accès et de la réussite des jeunes issus de milieux populaires et de bacheliers qui, à l'origine, n'étaient pas tournés vers l'enseignement supérieur.

73 *« Il vaut mieux que les jeunes aillent en apprentissage pour se former à un métier plutôt que de traîner sur les bancs de l'école. »*

▶ **Le recours à l'apprentissage ne constitue pas une réponse à l'échec scolaire.**

La société actuelle, en butte à la crise économique, à la perte de vitesse de l'emploi industriel, aux mutations du monde du travail, peine à répondre aux questions d'insertion professionnelle de demain : toute logique adéquationniste [3] dans la formation est donc peu probante. L'apprentissage d'un métier pour un jeune ne lui garantit pas nécessairement d'emploi dans ce métier, en revanche, cela peut l'enfermer dans une formation spécialisée de façon précoce et réductrice.

La question est surtout celle-ci : quel cadre propose-t-on au jeune pour apprendre un métier ? Le gouvernement entend doubler le nombre d'apprentis sous statut

3. C'est-à-dire une logique se fondant exclusivement sur la réponse aux besoins immédiats des métiers et emplois tels qu'ils existent.

scolaire en 2014-2015 (le but étant d'atteindre d'ici 2017 un total de 500 000 apprentis). Pourtant le recours à l'apprentissage ne constitue pas une réponse à l'échec scolaire.

S'agissant des jeunes en échec scolaire, l'apprentissage ne réussit pas mieux que l'école[4]. Par ailleurs, les mêmes discriminations que sur le « marché du travail » y ont cours. Le nombre important de ruptures de contrats entre apprentis et patrons[5], avant le terme de la formation, est un marqueur important de l'inefficacité du dispositif, qui en outre entraîne souvent la sortie précoce du jeune du système scolaire, sans qualification. Par ailleurs, la formation initiale scolaire de l'apprenti étant réduite, ce système hypothèque gravement toute possibilité de retour en formation à l'avenir. À la difficulté d'insertion professionnelle de départ s'ajoutent donc une précarité importante et une fragilisation accrue du travailleur qu'il s'apprête à devenir.

Une étude du CESE indique : *« Une approche internationale (Note CEREQ 229, mai 2012) montre que l'ancrage de la voie de formation par apprentissage ne va pas nécessairement de pair avec un faible taux de chômage des jeunes. En 2009, on observe un taux de chômage des jeunes de 15 à 24 ans inférieur à 20 % dans les pays avec apprentissage (Allemagne, 11 %) et sans système d'ap-*

---

4. *L'alternance dans l'Éducation*, étude du Conseil économique social et environnemental, 25 février 2014 (rapporteur : Jean-Marc Monteil).
5. La part des contrats d'apprentissage rompus est de 17 %, selon le Centre d'études et de recherches sur les qualifications (CEREQ) (*Bref*, n° 272, mars 2010).

prentissage (Japon, 9,1 %) et des pays avec un taux supérieur à 20 % (France, 22,8 %) ou sans apprentissage (Italie, 25,4 %). Même si les formations en alternance et en particulier les contrats d'apprentissage font preuve d'une meilleure performance en matière d'accès à l'emploi (mais cela diminue avec l'augmentation du niveau de diplôme), il convient de se garder d'installer l'apprentissage comme la modalité de formation susceptible de garantir les conditions qui permettent l'insertion professionnelle et donc de combattre efficacement le chômage[6]. »

L'école a un rôle à jouer pour empêcher cette éviction sociale programmée, elle doit pouvoir doter chaque jeune d'un bon niveau de connaissances générales et lui proposer de poursuivre ses études en lycée général, technologique ou professionnel et au-delà, dans le supérieur, afin d'acquérir un diplôme qualifiant. Aux différents niveaux du système éducatif, la professionnalisation des formations passe par l'alternance entre périodes de formation à l'école et périodes de stage en entreprise, ce qui suppose une coordination des différents secteurs.

74 *« On devrait faire payer l'école publique aux familles qui en ont les moyens et réserver la gratuité aux familles qui n'ont pas assez de ressources par l'attribution de bourses. »*

▶ Que gagnerait-on à reporter sur les familles une part des dépenses d'éducation ?

---

6. *L'alternance dans l'Éducation, op. cit.*

Le risque est tout simplement que, progressivement, cette part augmente et que le nombre de familles bénéficiant de la gratuité régresse progressivement. Or, la Constitution de 1958 précise que « l'organisation de l'enseignement public obligatoire gratuit et laïc est un devoir de l'État ».

Si l'on veut plus de justice, c'est d'abord à travers l'impôt sur le revenu que peut et doit se faire la redistribution entre les plus aisés et ceux qui ont le moins de revenus. Et, en ce domaine, il y a des choses à revoir. La progressivité de l'impôt sur le revenu, fondement d'une vraie redistribution, a été battue en brèche depuis des années. Ainsi, les cours payants de toutes sortes qui se multiplient sont financés par des allégements fiscaux dont seuls profitent les ménages imposables, c'est-à-dire ceux qui ont des revenus qui leur font payer l'impôt : c'est le contraire de la redistribution qui prévoit que chaque citoyen contribue par l'impôt au budget de l'État en fonction de ses qualités (plus il est riche, plus il doit contribuer) et que ces ressources soient ensuite redistribuées au bénéfice de tous, et notamment des ménages aux revenus les plus modestes. Dans le cas des exonérations fiscales liées aux cours payants, cet argent que l'État ne perçoit pas et qui permet aux plus aisés de payer du soutien à leurs enfants manque ensuite, par exemple, pour améliorer l'enseignement dans les zones les plus en difficulté.

Si l'on veut rétablir de la justice en matière de dépenses d'éducation, il faut remettre en cause les niches fiscales et réinjecter de la progressivité dans l'impôt.

75 *« On devrait rendre chaque établissement scolaire autonome pour que les chefs d'établissement aient une réelle capacité d'initiative et d'innovation. »*

► L'autonomie des établissements existe déjà.

Ceux qui réclament plus d'autonomie visent en fait à promouvoir la mise en concurrence des établissements, la construction d'un marché scolaire au sein duquel les populations initiées se débrouillent « naturellement » mieux.

Le terme « autonomie » peut recouvrir des réalités diverses. Il s'agit donc de déceler ce qui est sous-jacent au projet de rendre « chaque établissement scolaire plus autonome ». D'autant que le terme a une acception positive, celle d'être en capacité d'adapter son action au contexte dans lequel on exerce pour atteindre un but commun – ce que chacun devrait même revendiquer si cette aspiration ne se heurtait pas aux contraintes des dotations en personnels et en moyens matériels. Mais ce n'est pas de cela qu'il s'agit, au contraire.

Il existe déjà une autonomie des établissements dont le conseil d'administration adopte le budget, les horaires de fonctionnement, le règlement intérieur et un grand nombre de décisions sur l'organisation des enseignements. Les horaires d'enseignement d'une discipline peuvent même être variables d'un établissement à l'autre, ce qui n'est pas sans poser problème.

Cette autonomie est contrainte par la dotation budgétaire de la région ou du conseil général et par celle en personnels du rectorat. Quand ces dotations sont insuffisantes, l'autonomie est un moyen pour l'institution de se défausser de ses responsabilités.

Derrière la volonté de développer l'autonomie des établissements se profilent deux intentions dangereuses, tant pour les personnels que pour les élèves.

D'une part, l'idée que les chefs d'établissement pourraient recruter leurs personnels ou même gérer leur masse salariale promeut une rupture avec le principe même d'intérêt général et le statut de fonctionnaires des enseignants. L'enseignement dispensé aux élèves serait soumis aux pressions locales, avec des risques de ségrégation sociale accrue ; les enseignants identifiés comme moins performants ou ceux qui ont moins de relations seraient rejetés vers les établissements jugés moins bons, ou poussés au chômage. Quand on manque d'enseignants dans le pays, ne vaut-il pas mieux répondre à ce défi par des politiques de recrutement et de formation ?

D'autre part, liée à l'affirmation que les parents doivent pouvoir choisir l'établissement de leur enfant, l'autonomie veut en fait mettre les établissements en concurrence. L'assouplissement de la carte scolaire sous Nicolas Sarkozy a accru les ségrégations sociales au sein du système éducatif, enfonçant les établissements moins cotés dans leurs difficultés[7].

---

7. Inspection générale de l'Éducation nationale, *Conséquences des mesures d'assouplissement de la carte scolaire après 2007*, Rapport 2013-037, juin 2013.

76 *« Un proviseur de lycée, un principal de collège, un directeur d'école devraient pouvoir évaluer les enseignants qui travaillent dans leur établissement. »*

▶ Le chef d'établissement ne saurait être un spécialiste de toutes les disciplines enseignées !

Cette proposition oublie de s'intéresser à ce qui fait l'essentiel de l'activité de l'enseignant (le travail dans la classe) et néglige les oppositions qu'elle introduirait au sein des équipes enseignantes.

Il faut en outre souligner que c'est déjà le cas, en partie, pour les enseignants des collèges et des lycées. Mais l'appréciation annuelle du chef d'établissement et la note qu'il propose ne sont qu'une partie de l'évaluation d'un professeur, la partie dite « administrative ». L'autre partie est l'évaluation pédagogique qui revient à l'inspecteur de la discipline, et compte un peu plus que la première. Dans la note sur 100, la note administrative est sur 40 et la note pédagogique sur 60. Et cette note compte dans la carrière de l'enseignant : un enseignant mal noté avancera moins vite et moins loin.

S'il est normal que le chef d'établissement puisse évaluer les enseignants sur la manière de faire leur travail (ponctualité, participation au travail d'équipe...), il n'a pas de compétence pour les évaluer sur leurs choix pédagogiques, ni pour juger les activités que l'enseignant organise pour que ses élèves s'approprient connaissances et démarches intellectuelles, ou pour évaluer leurs résultats et leurs progrès. Prévoir que le chef d'établissement seul évaluerait les enseignants, c'est donc nier leur travail réel.

Le système d'évaluation est différent dans le premier degré. Les directeurs ne sont pas des chefs d'établissement et ne sont donc pas les supérieurs hiérarchiques de leurs collègues : ce sont des collègues ayant le plus souvent aussi un service partiel d'enseignement. Les professeurs des écoles se voient aussi attribuer une note sur 20 qui compte également dans leur déroulement de carrière avec d'autres critères. Celle-ci est fixée par la Direction académique des services de l'éducation nationale (DASEN)[8] sur proposition de l'inspecteur de circonscription. Les inspecteurs sont assez proches du terrain : quel intérêt y aurait-il à introduire un échelon hiérarchique supplémentaire ? Le risque au contraire serait de modifier profondément le rôle essentiel des actuels directeurs en matière d'animation et de coordination.

Pour tous les enseignants comme pour tous les personnels, l'objectif de l'évaluation doit être de leur permettre de toujours mieux exercer leurs métiers. Cela suppose de revoir notamment les conditions, les critères et les rythmes d'inspection. Cela suppose aussi des actions de formation lorsqu'elles sont nécessaires[9].

8. Qui s'appelait jusqu'à peu l'Inspection académique.

9. Brigitte Doriath, Reynald Montaigu, Yves Poncelet, Henri-Georges Richon, « L'évaluation des enseignants », Inspection générale de l'éducation nationale, Rapport n° 2013-035, avril 2013.

77 *« Pour faire des économies, on devrait sous-traiter les fonctions d'entretien ou de restauration des établissements scolaires aux entreprises privées. »*

► **La sous-traitance en ce domaine n'est pas nécessairement plus économique.**

Les entreprises privées ne font pas vraiment de cadeaux. Elles cherchent – et c'est compréhensible – à tirer du profil de leurs activités. Si l'on sous-traitait certaines fonctions, outre le coût de cet entretien, il faudrait financer aussi la marge des entreprises en question.

Mais surtout, raisonner de la sorte, c'est oublier que les personnels qui assurent ces fonctions d'entretien ou de restauration jouent aussi un rôle éducatif. Ils sont présents en permanence, au contact des élèves et en lien avec les autres personnels de l'établissement et, à ce titre, ils sont placés sous l'autorité fonctionnelle des chefs d'établissement et des gestionnaires. Des équipes d'entretien ou de restauration, déléguées par des entreprises privées concessionnaires, ne pourraient en aucune manière jouer un tel rôle. C'est l'action éducative des établissements qui serait alors perdante.

78 *« On devrait, comme dans le privé, pouvoir licencier les fonctionnaires qui sont inefficaces et incompétents. »*

▶ **L'usage de la sanction n'est pas toujours la solution la plus efficace.**

D'une part, dans le privé, les salariés en CDI ne sont pas licenciables aussi aisément. Ils ont des droits, et un licenciement nécessite que l'employeur puisse faire état d'une faute grave. D'autre part, il existe dans la fonction publique une possibilité de licencier un agent pour « insuffisance professionnelle » : c'est un des motifs de licenciement prévus par le statut et, même s'il est heureusement entouré d'un certain nombre de garanties permettant aux agents de se défendre, il est régulièrement utilisé (voir l'idée fausse n° 19).

Mais la vraie question est ailleurs. Souvent ce qui apparaît comme inefficacité ou incompétence relève de conditions de travail inadaptées, de formation insuffisante et constitue généralement une source de souffrance professionnelle pour les agents concernés. Il peut arriver également que, dans certaines professions, des agents qui faisaient parfaitement bien leur travail se trouvent brutalement en situation de « désadaptation ». Ce n'est d'ailleurs pas une spécificité des salariés du public. Dans tous ces cas, le licenciement non seulement serait injuste mais ne résoudrait pas le problème.

Évidemment, rien ne sert de faire l'autruche en plaçant l'agent concerné dans un placard : la vraie solution est dans l'amélioration des conditions de travail, l'appui à l'agent en difficulté, le changement de poste et surtout la formation. C'est l'intérêt fondamental du service public et des usagers que l'on n'esquive pas la difficulté mais qu'on y apporte des solutions.

79 *« On devrait augmenter les droits d'inscription dans les universités pour que leur budget soit équilibré. »*

▶ **Procéder de la sorte, c'est oublier que l'on ne se forme pas seulement pour soi.**

Un certain nombre de pays étrangers, par exemple la Grande-Bretagne, le Chili ou les États-Unis, ont recours à cette augmentation des droits d'inscription. Et, pour permettre aux étudiants de payer, les banques leur prêtent de l'argent. Dans certains pays d'ailleurs, le remboursement n'est exigé que si, à la sortie de sa formation, l'étudiant obtient un emploi et un certain niveau de rémunération (on appelle cela des prêts à remboursements contingents). La théorie qui justifie ces pratiques est celle du « capital humain » : quand on se forme, on peut en tirer un profit personnel en obtenant un emploi mieux rémunéré. Il serait donc normal de payer pour sa formation.

Mais quand on regarde les conséquences pratiques, on s'aperçoit que cela produit un endettement considérable des étudiants, au point que seule une partie d'entre eux est en situation de rembourser (en Grande-Bretagne, ce sont environ 45 % des prêts qui ne sont pas remboursés). Ceux qui les remboursent passent leurs premières années d'activité professionnelle avec le fardeau de cette dette ou alors font tout pour gagner le plus vite possible le maximum d'argent. C'est ce qui explique en partie les tarifs pratiqués par les avocats et les médecins aux États-Unis, par exemple. Cette perspective peut être dissuasive pour les jeunes issus des milieux les moins favorisés, et risque d'accentuer de fait la sélection sociale à l'entrée dans le supérieur.

On constate également que, peu à peu, la part prise par les droits d'inscription dans le financement des universités des pays concernés s'accroît, prenant progressivement la place des financements publics. Sans compter que cela aiguise la concurrence entre les établissements qui ont de plus en plus besoin d'attirer ces étudiants payants.

Former des jeunes au meilleur niveau est un investissement d'avenir. Et il est légitime que cet investissement soit assumé collectivement à travers l'impôt dont l'une des finalités est de jouer une fonction redistributrice au sein de la société.

80 *« Faire payer des frais d'inscription élevés à l'entrée à l'université aurait un effet motivant pour les étudiants. »*

▶ **Comment faire mieux réussir les étudiants en ajoutant un poids financier aux difficultés économiques que beaucoup vivent déjà ?**

Penser que la seule forme de mobilisation dans le cadre d'une formation réside dans une relation de client à fournisseur, c'est ignorer toute la complexité et la richesse d'une relation de formation. Ce qui motive, c'est l'intérêt de ce qui est enseigné, la démarche pédagogique, la qualité de l'encadrement et de la prise en charge des étudiants.

Un étudiant sur deux se trouve déjà dans une précarité économique qui l'oblige à travailler au détriment parfois de la réussite de ses études et qui le contraint aussi bien en matière de loisirs que de logement autonome ou de soins médicaux[10].

Une augmentation des droits d'inscription, même accompagnée d'une augmentation des bourses, risque tout simplement d'accentuer la sélection sociale et d'avoir un effet dissuasif pour les étudiants plus en difficulté.

81 *« Les universités devraient limiter le nombre d'étudiants qu'elles accueillent pour pouvoir faire un travail de meilleure qualité. »*

▶ **Rien ne montre que la qualité de l'enseignement supérieur est indissociablement liée à la sélection.**

Outre que cela se traduirait par une accentuation de la sélection sociale déjà largement présente, opérer une sélection à l'entrée à l'université serait contradictoire avec les objectifs affichés par notre pays d'accroître

10. *La démocratisation de l'enseignement supérieur : l'enjeu du premier cycle, op. cit.*

sensiblement le taux de 50 % d'une classe d'âge accédant à un diplôme de l'enseignement supérieur.

De surcroît, il n'est pas évident que cela permettrait un travail de meilleure qualité. Lorsque l'on examine l'enseignement supérieur dans sa diversité, rien ne montre que la qualité est indissociablement liée à la sélection. Au contraire, former ensemble des jeunes d'origine, de formation, de culture différentes et les faire se rencontrer est aussi une richesse et un facteur de réussite si l'on s'en donne les moyens. C'est d'autant plus vrai pour l'université dont l'originalité, dans tout le spectre de l'enseignement supérieur, est d'assurer une formation en lien avec la recherche et en même temps d'être, par excellence, le lieu de la recherche. Accueillir les étudiants et la variété de leurs projets, c'est aussi se donner les moyens de faire émerger les chercheurs dont le pays a besoin. Il est par contre nécessaire de mieux prendre en charge les étudiants et de tous les accompagner pour favoriser leur réussite[11].

11. C'est notamment l'objet du débat qui s'ouvre sur la base du rapport Stranes (Stratégie nationale de l'enseignement supérieur), rédigé par Sophie Béjean et Bertrand Monthubert. Un rapport d'étape a été remis le 9 juillet 2014 ; le rapport définitif sera remis à l'automne 2014.

« On devrait limiter le rôle de l'hôpital public et déléguer une partie de ses fonctions au privé. »

82 *« Il faut limiter l'accès aux urgences, car cela encombre le fonctionnement de l'hôpital public. »*

▶ Résoudre la situation des urgences implique de réorganiser l'ensemble de notre système de soins.

Les passages aux urgences ont augmenté ces dernières années avec plus de 18 millions de consultations par an aujourd'hui, soit 5 millions de plus qu'il y a dix ans.

Une étude de la direction des études du ministère de la Santé indique que les urgences compensent d'autres services de santé déficients : « *Une partie des patients ayant recours aux urgences auraient pu consulter un médecin généraliste ou un pédiatre en cabinet libéral en ville, s'ils avaient pu obtenir un rendez-vous rapidement, dans la journée ou le lendemain. Or, obtenir un tel rendez-vous semble souvent difficile. C'est notamment le cas pour les enfants et les personnes âgées qui représentent une part importante des passages aux urgences*[1]. »

---

1. DREES, *Enquête nationale sur les structures des urgences hospitalières, juin 2013*, publié le 15 janvier 2014.

L'enquête pointe aussi une « faible disponibilité » de lits dans certains services hospitaliers, ce qui conduit à prolonger le séjour dans les services d'urgence, notamment des personnes âgées[2].

La situation des urgences est révélatrice de la réorganisation nécessaire de notre système de soins face aux évolutions de la société :

– La population vieillit (ce qui est une bonne chose, car cela veut dire que l'espérance de vie augmente). Il s'agit donc d'anticiper les conséquences de ce vieillissement de la population sur la vie sociale ou les politiques publiques et d'améliorer la prise en charge des personnes en perte d'autonomie, ainsi que le prévoit le projet de loi sur l'adaptation de la société au vieillissement qui doit être examiné par le Parlement[3].

– Il est aussi important d'assurer sur l'ensemble du territoire une présence médicale correspondant aux besoins de la population, et de former en conséquence davantage de médecins et de personnels de santé. Par exemple, il faut plus de pédiatres, car le nombre de naissances augmente.

– Contrairement à ce qu'avancent les tenants de la baisse de la dépense publique à tout prix, il est nécessaire d'assurer, de développer les actions de prévention

---

2. La proportion des malades de plus de 70 ans dans les services d'urgence est passée de 13 % en 2001 à 18 % en 2011.

3. Projet de loi relatif à l'adaptation de la société au vieillissement, présenté au Conseil des ministres du 3 juin 2014 par Mme Marisol Touraine, ministre des Affaires sociales et de la Santé, et Mme Laurence Rossignol, secrétaire d'État chargée de la Famille, des Personnes âgées et de l'Autonomie.

en matière de santé, ce qui suppose des personnels formés.

Enfin, augmenter le nombre de lits disponibles, et par conséquent le nombre d'agents hospitaliers, permettrait de désengorger les services d'urgence pour les mobiliser sur leur mission première : les urgences...

83 *« Limiter la durée des séjours à l'hôpital permettrait de réduire le nombre de lits et de faire des économies sans dommage pour les patients. »*

▶ C'est le diagnostic des médecins et la santé du patient qui doivent prévaloir.

Ce qui est valable pour certains cas ne l'est pas forcément pour d'autres. Lorsqu'on limite la durée des séjours sans discernement ou sans préparation du patient, on peut se trouver parfois confronté à des retours en hospitalisation. Ce que l'on croit gagner d'un côté, on peut le perdre d'un autre... Ainsi la réduction des séjours en maternité envisagée dans le cadre du plan d'économies mené par le Premier ministre Manuel Valls permettrait d'économiser 280 millions d'euros. Mais la mesure suppose que soit mis en place suivi post-hospitalier qui permette de préserver la santé de la maman et de son enfant.

Amis lecteurs,

vous entendez de nouvelles idées fausses
sur les fonctionnaires et la fonction publique

Envoyez-les nous à

ideesfausses_fonctionnaires@editionsatelier.com

et dites-nous comment vous faites pour y résister.

Nous aurons la possibilité de faire figurer vos réponses
sur le site internet des Éditions de l'Atelier

(www.editionsatelier.com).

Nous en tiendrons compte
lors des prochaines éditions de ce livre.

Merci par avance de votre précieuse collaboration.

Mise en page : Le vent se lève...

Achevé d'imprimer sur les presses
de Corlet Imprimeur 14110 Condé-sur-Noireau
N° editeur : 6404 – N° fab. : 6625 – N° imprimeur : 165914
Dépôt légal : septembre 2014
Imprimé en France